16	3	2	13
5	10	11	8
9	6	7	12
4	15	14	1

Cet ouvrage, publié dans le cadre du Programme d'Aide à la Publication 2018 Carlos Drummond de Andrade de l'Ambassade de France au Brésil, bénéficie du soutien du Ministère de l'Europe et des Affaires Etrangères.

Este livro, publicado no âmbito do Programa de Apoio à Publicação 2018 Carlos Drummond de Andrade da Embaixada da França no Brasil, contou com o apoio do Ministério da Europa e das Relações Exteriores.

coleção TRANS

Jacques Rancière

AS MARGENS DA FICÇÃO

Tradução
Fernando Scheibe

editora 34

EDITORA 34

Editora 34 Ltda.
Rua Hungria, 592 Jardim Europa CEP 01455-000
São Paulo - SP Brasil Tel/Fax (11) 3811-6777 www.editora34.com.br

Título original:
Les bords de la fiction

Capa, projeto gráfico e editoração eletrônica:
Franciosi & Malta Produção Gráfica

Revisão:
Camila Boldrini, Alberto Martins

1ª Edição - 2021

CIP - Brasil. Catalogação-na-Fonte
(Sindicato Nacional dos Editores de Livros, RJ, Brasil)

Rancière, Jacques, 1940
R152b As margens da ficção / Jacques Rancière;
tradução de Fernando Scheibe — São Paulo:
Editora 34, 2021 (1ª Edição).
176 p. (Coleção TRANS)

ISBN 978-65-5525-060-2

Tradução de: Les bords de la fiction

1. Filosofia francesa. 2. Estudos literários.
3. Estética e política. I. Scheibe, Fernando.
II. Título. III. Série.

CDD - 194

AS MARGENS DA FICÇÃO

INTRODUÇÃO

O que distingue a ficção da experiência corriqueira não é um déficit de realidade, mas um acréscimo de racionalidade. Essa é a tese formulada por Aristóteles no capítulo IX da *Poética*. A poesia, que ele entende como a construção das ficções dramáticas ou épicas, é "mais filosófica" do que a história porque esta última diz apenas como as coisas acontecem umas após as outras, em sua particularidade, enquanto a ficção poética diz como as coisas em geral *podem* acontecer. Nela, os acontecimentos não acontecem por acaso, mas como consequências necessárias ou verossímeis de um encadeamento de causas e efeitos. As determinações mais gerais da existência humana — o fato de conhecer a felicidade ou a infelicidade e de passar de uma à outra — podem ser mostradas como os efeitos desse encadeamento. Este já não é mais uma fatalidade imposta por uma potência divina. É inerente à ordem da ação humana e à relação que ela mantém com o conhecimento. Essa é a revolução operada pela razão ficcional: a infelicidade do herói trágico não é mais uma condição padecida, e sim a consequência de um erro: um erro qualquer na condução de sua ação e não mais uma transgressão da ordem divina. E essa infelicidade se produz de acordo com um modo específico de causalidade. Não basta que o encadeamento seja rigoroso: é preciso ainda que seu efeito seja contrário ao que ele levava a esperar. O bom encadeamento das causas e dos efeitos é atestado pela inversão — a peripécia — que ele produz no universo das expectativas. A racionalidade da ficção está em que as aparências — ou as expectativas, já que a mesma palavra em grego diz as duas coisas — se invertam. Em que um estado leve ao estado inverso e, na mesma tacada, o que era ignorado seja conhecido. A prosperidade e o infortúnio, a espera e o inesperado, a ignorância e o saber, essas três oposições formam a matriz estável da racionalidade ficcional clássica no Ocidente. O encadeamento global que as articula comporta, segundo Aristóteles, duas modalidades: pode ser necessário ou verossímil. Mas, na prática, é a verossimilhança que está encarregada de provar a necessidade.

É preciso perceber a importância da matriz teórica assim construída. Em seu princípio, esse modelo de racionalidade ficcional não está de modo algum limitado às invenções dos poetas. Seu campo de aplicação pode ser estendido a qualquer situação em que se trate de mostrar o encadeamento de causas e efeitos que, à sua própria revelia, leva seres da felicidade à infelicidade ou da infelicidade à felicidade. Nossos contemporâneos já quase não escrevem tragédias em versos, mas é fácil verificar que os princípios aristotélicos da racionalidade ficcional continuam formando hoje a matriz estável do saber que as nossas sociedades produzem sobre si mesmas. Seja nas grandes teorias da sociedade e da história, seja na ciência oracular de pouco fôlego dos políticos, especialistas, jornalistas e ensaístas, trata-se sempre de desdobrar o encadeamento das causas que nos levam, nos levaram ou nos levarão à fortuna ou à desgraça. Trata-se sempre também de mostrar como essas causas produzem seus efeitos invertendo as aparências e as expectativas, como a prosperidade nos aguarda ao termo das provações padecidas ou o desastre ao termo das ilusões da felicidade. Trata-se assim de mostrar como o infortúnio é o efeito de uma ignorância que é ela própria objeto de um saber. Trata-se, por fim, de mostrar isso sob uma figura discursiva que torne equivalentes necessidade e verossimilhança. Marx, Freud ou Braudel nos ensinaram isto, cada um à sua maneira: a boa ciência das ações e dos comportamentos humanos pode ser reconhecida por sua fidelidade às estruturas fundamentais da racionalidade ficcional: a distinção das temporalidades; a relação entre o sabido e o não sabido; e o encadeamento paradoxal das causas e dos efeitos. E se a fórmula bachelardiana da racionalidade científica — "Só há ciência do escondido" — se parece tanto com a razão do detetive Rouletabille,[1] é porque

[1] Personagem de vários livros de Gaston Leroux. (N. do T.)

ambas têm sua origem comum no princípio aristotélico da causalidade paradoxal: a verdade se impõe como reviravolta daquilo que as aparências levavam a esperar.

O que foi dito até aqui não visa demonstrar que tudo é ficção e que nada mudou desde Aristóteles, mas nos permite avaliar as transformações da racionalidade ficcional operadas pela ciência social e pela literatura no Ocidente ao longo da idade moderna. Para estender os princípios da ordem ficcional aristotélica ao conjunto dos acontecimentos humanos era preciso, de fato, resolver uma contradição. Essa racionalidade causal podia se opor à simples sucessão empírica dos fatos na medida em que restringia seu próprio domínio de aplicação. Ela dizia respeito à ação, aos erros que aí cometem os agentes e aos efeitos imprevistos que seu desenrolar produz. Mas, sendo assim, concernia apenas àqueles que agem e esperam algo de sua ação. Vão dizer que estes são muitos, mas o contrário é que é verdadeiro: admitia-se então que o número desses sujeitos é restrito, pois, propriamente falando, a maioria dos humanos não age — fabrica objetos ou filhos, executa ordens ou presta serviços e recomeça no dia seguinte aquilo que fez na véspera. Em tudo isso não há nenhuma expectativa e nenhuma inversão das expectativas, nenhum erro a cometer que possa fazer alguém passar de uma condição à condição inversa. A racionalidade ficcional clássica dizia respeito, portanto, a uma ínfima parcela dos humanos e das atividades humanas. O resto estava submetido à anarquia, à ausência de causa do real empírico. É por isso que se podia ignorá-lo no sentido positivo do termo: não se ocupar dele, não tentar racionalizá-lo.

Em sua forma clássica, a razão da ficção implica assim uma dupla relação do saber com a ignorância. O saber ficcional organiza os acontecimentos por meio dos quais os homens ativos passam da fortuna ao infortúnio e da ignorância ao saber. Mas, para se desenvolver, esse saber deve ignorar — considerar negligenciável — a massa dos seres e das situações pertencentes ao universo repetitivo das coisas e dos acontecimentos materiais que simplesmente se sucedem uns após os outros sem criar expectativas nem suscitar erros, sem jamais conhecer, portanto, essas reviravoltas da fortuna que conferem ao universo das ações ficcionais sua racionalidade. Quando muito, essa ordem ficcional reservava, com a comédia, um lugar menor para as histórias corriqueiras que acontecem às pessoas sem importância, relegando às suas margens as misturas de condições sociais e os transtornos sem razão que caracterizavam o romance — o qual servia apenas para divertir e não para produzir conhecimento algum.

É essa distribuição dos saberes e das ignorâncias que foi abalada na idade moderna. Mas é preciso esclarecer as formas desse abalo. A opinião dominante professa que a idade moderna é a de uma clara separação: de um lado, a ciência das relações reais, finalmente liberada dos artifícios da ficção; do outro, a literatura e a arte, finalmente liberadas dos servilismos do real e de sua imitação. Porém, o contrário é que é verdadeiro: o processo essencial que funda ao mesmo tempo a literatura e a ciência social modernas é a abolição da divisão que opunha a racionalidade ficcional das intrigas à sucessão empírica dos fatos. Ambas recusam a separação entre a razão das ficções e a dos fatos corriqueiros. Mas fazem isso de duas maneiras opostas.

De um lado, a ciência social endossou os princípios aristotélicos da racionalidade ficcional ao mesmo tempo que aboliu as fronteiras que delimitavam seu campo de validação. É possível aplicar ao mundo obscuro das atividades materiais e dos fatos cotidianos a mesma racionalidade que organiza a ação trágica — esse é o axioma que funda a ciência social moderna. Esta chegou inclusive a dar um passo a mais, afirmando, com Marx, a inversão total da hierarquia antiga: é no mundo obscuro da atividade produtiva que reside o princípio da racionalidade que governa as sociedades. As ações brilhantes dos príncipes que alimentavam as grandes formas ficcionais não passam de efeitos de superfície. O mundo das coisas e das pessoas que convinha ignorar — negligenciar — se torna o mundo verdadeiro. Mas essa promoção tem seu inverso simétrico: o mundo obscuro se torna o mundo verdadeiro enquanto mundo cuja verdade é ignorada num outro sentido — desconhecida — pelos que nele vivem. O mundo verdadeiro da ciência social moderna é, em suma, o mundo trágico democratizado, um mundo onde todos partilham do privilégio do erro. Essa ciência faz coincidirem assim as duas ignorâncias. Simplesmente, reserva para si o saber acerca do encadeamento paradoxal e da inversão das aparências.

Já a literatura tomou o caminho inverso. Em vez de democratizar a razão ficcional aristotélica para incluir toda atividade humana no mundo do saber racional, ela destruiu os seus princípios para abolir os limites que circunscreviam um real próprio à ficção. Decerto a literatura foi a primeira a afirmar, no tempo de Balzac e de Victor Hugo, a potência de história presente no cenário e nas formas da vida cotidiana. Mas dessa potência inerente às coisas, aos seres e aos acontecimentos quaisquer ela fez o princípio de um desvio em relação aos grandes esquemas da passagem da fortuna ao infortúnio e da ignorância ao saber. Foi esse desvio que constataram — embora até certo ponto involuntariamente — os dois grandes intérpretes da evolução do romance moderno, Georg Lukács e Erich Auerbach. Lukács celebra no romance balzaquiano a união entre a racionalidade ficcional da ação e a racionalidade científica do processo histórico. Os grandes empreendimentos desastrosos de Lucien Rubempré e de seus pares desvelam para nós, diz ele, a dominação nascente do capitalismo. Mas esse paraíso da concórdia entre as racionalidades logo é perdido. Passando do teatro das *Ilusões perdidas* ao de *Naná* [de Zola], o romance atola a ação narrativa na descrição estática das relações sociais reificadas. Lukács poderia ter achado normal, como bom marxista, que a lógica aristocrática da ação se afogasse como tantos outros ideais nas "águas gélidas do cálculo egoísta". Mas preferiu concluir, como marxista inconsequente, que eram os romancistas que tinham batido em retirada ao preterir a narração das ações pela descrição das coisas.

Auerbach, por sua vez, vai ao cerne do problema: a revolução romanesca implica a negação daquilo que fundava a inteligibilidade da ficção antiga, ou seja, a separação das formas de vida, a separação entre os humanos que vivem no tempo da causalidade e os que vivem no tempo da crônica. A história do realismo romanesco se torna para ele a história da conjunção entre dois processos: aquele que integra todo e qualquer acontecimento na totalidade de um processo social; e aquele que faz de todo e qualquer indivíduo, por mais humilde que seja, um tema de ficção "séria", uma personagem capaz dos sentimentos mais intensos e mais complexos. Mas a conjunção prometida se esquiva no momento crítico. O antepenúltimo capítulo de *Mimesis* anuncia que no tempo de Stendhal o romance ocidental atingiu sua realização essencial, que consiste em "só representar o homem engajado numa realidade global, política, econômica e social em constante evolução".[2] Mas, na prática, logo desmente essa afirmação, ilustrando essa "realidade global em constante evolução" com os universos fechados e desesperadoramente imóveis da mansão de La Mole, da pensão Vauquer ou da sala de jantar de Emma Bovary. E, por uma notável reviravolta, é o tempo vazio e desconectado que é celebrado no último capítulo quando Auerbach vê na conquista do "momento qualquer", sem ligação com nenhuma continuidade de ação, a realização suprema do realismo ocidental.

O que Lukács renega, o que Auerbach encontra sem tematizar, é a cisão da racionalidade ficcional. O indivíduo engajado na realidade global de uma história em plena evolução e o indivíduo qualquer capaz dos sentimentos mais intensos e mais complexos não formam um único e mesmo tema. A ciência social se apoderou do primeiro, ainda que reconstituindo de outro modo a hierarquia das temporalidades e a lógica do encadeamento paradoxal. A literatura se dedicou ao segundo. Rompeu a barreira que separava as vidas sem história das vidas capazes de encontrar as vicissitudes da fortuna e as incertezas do saber. Recusou assim as grandes formas de articulação entre temporalidade e causalidade que estruturavam a ficção aristotélica e estruturam a narrativa científica sobre

---

[2] Erich Auerbach, *Mimesis: la représentation de la réalité dans la littérature occidentale*, trad. C. Heim, Paris, Gallimard, "Tel", 1987, p. 459 [ed. bras.: *Mimesis: a representação da realidade na literatura ocidental*, trad. J. Guinsburg, São Paulo, Perspectiva, 6ª ed. 2015].

[Embora indique as edições brasileiras dos textos citados por Rancière, optei por traduzir eu mesmo todas as citações, não sem consultar, na medida do possível, as versões já existentes em português. No caso das citações cujo original foi escrito em alemão ou inglês, mantive-me bastante próximo das traduções francesas usadas pelo autor ("por razões de coerência interna", como ele mesmo diz), mas não sem cotejá-las, sempre na medida do possível, com o original e suas traduções brasileiras. (N. do T.)]

a sociedade. Fez isso para aprofundar a potência do "momento qualquer", esse momento vazio que oscila entre a reprodução do mesmo e a possível emergência do novo, que é também um momento pleno em que uma vida inteira se condensa, em que várias temporalidades se misturam e em que a inatividade de um devaneio entra em harmonia com a atividade do universo. Construiu sobre essa trama temporal outras maneiras de identificar acontecimentos e atores; e outras maneiras de entrelaçá-los para construir mundos comuns e histórias comuns.

Pois é sempre disto que se trata tanto nas ficções confessas da literatura quanto nas ficções inconfessas da política, da ciência social ou do jornalismo: construir com frases as formas perceptíveis e pensáveis de um mundo comum, determinando as situações e os atores dessas situações, identificando acontecimentos, estabelecendo entre eles laços de coexistência ou de sucessão e dando a esses laços a modalidade do possível, do real ou do necessário. O uso dominante, contudo, insiste em opô-las. Confere às ficções da ciência social ou política os atributos da realidade e analisa as formas da ficção confessa como efeitos ou reflexos deformados dessa realidade. Em diversos livros contestei essa divisão procurando mostrar que os esquemas interpretativos que a ciência social aplicava às formas da ficção literária tinham sido criados pela própria literatura ou estudando a maneira como esta tinha subvertido as categorias da ação e a lógica da verossimilhança.[3] Mas não se trata de proclamar uma inversão que deduziria as transformações da ciência social das transformações da literatura. É legítimo, em contrapartida, conferir toda sua função heurística às transformações da racionalidade ficcional, e especialmente às transformações das formas de constituição dos temas, de identificação dos acontecimentos e de construção de mundos comuns que são próprias à revolução literária moderna. Num tempo em que a medíocre ficção chamada "informação" pretende saturar o campo do atual com

---

[3] Ver especialmente *Politique de la littérature* (Paris, Galilée, 2007) e *Le fil perdu: essais sur la fiction moderne* (Paris, La Fabrique, 2014) [ed. bras.: *O fio perdido: ensaios sobre a ficção moderna*, trad. Marcelo Mori, São Paulo, Martins Fontes, 2017]).

seus gastos folhetins de pequenos arrivistas em busca do poder, contra um fundo de grandes narrativas de atrocidades longínquas, uma investigação como esta pode contribuir de maneira útil para ampliar o horizonte dos olhares e dos pensamentos sobre aquilo que chamamos de mundo e sobre as maneiras de o habitar.

As quatro partes deste livro querem trazer elementos para essa investigação sobre as transformações da ficção. Elas analisam de diferentes maneiras o movimento constitutivo da ficção moderna: aquele que deslocou seu centro de gravidade de seu núcleo tradicional, constituído pelo enlace dos acontecimentos narrativos, para essas margens onde a ficção se vê confrontada com sua possível anulação ou referida a essa ou àquela figura de alteridade. Trata-se antes de mais nada das margens onde a ficção acolhe o mundo dos seres e das situações que estavam anteriormente nas suas beiradas: os acontecimentos insignificantes da existência cotidiana ou a brutalidade de um real que não se deixa incluir. Trata-se também das situações em que a diferença entre o que acontece e o que simplesmente passa tende a se apagar. Trata-se ainda das fronteiras incertas entre os acontecimentos que se relatam e aqueles que se inventam. Trata-se, portanto, também das maneiras como a ficção se divide a partir de seu interior, modifica seus encadeamentos e inventa, se preciso, novos gêneros para retraçar a fronteira ou para constatar seu apagamento. Trata-se, por fim, das margens onde o relato, que pretende documentar o real, e a ciência, que quer desvelar sua verdade escondida, se apropriam das formas da ficção declarada.

A primeira parte se interroga sobre as transformações do quadro dentro do qual a ficção delimita e povoa um mundo sensível específico. Começa, para tanto, da figuração um pouco simplista que o século seguinte à Revolução Francesa deu a ele: a de um mundo onde as janelas fechadas que separavam da realidade prosaica os caracteres e as situações escolhidas da ficção se abriram ao mesmo tempo que caíam as barreiras que separavam as classes e os mundos. Esta parte mostra como tal cenário se complica quando o vasto espaço onde o novo romance sonhava se identificar com a enciclopédia das espécies sociais se encolhe até virar o enigma de um rosto atrás de uma janela fechada ou se perde no infinito dos devaneios ocasionados por uma paisagem, uma luz ou uma hora indecisa; ou quando a imaginação que acreditava poder se infiltrar em qualquer corpo que passasse pela rua encontra a esquiva de corpos que encerram seu segredo e rompem os próprios quadros dentro dos quais a experiência comum se deixa contar.

A segunda parte mostra como a racionalidade da narrativa e a da ciência se encontram para dizer qual realidade causa uma aparência, mas também de que causa essa realidade é ela própria o efeito. É assim que a demonstração científica, o relato fantástico, a investigação documental e a narração histórica devem se conjugar para revelar o segredo da mercadoria. Ciência e narrativa vão se enlaçar de outro modo quando, na mesma época, o romance policial restaura a racionalidade causal, ameaçada pelo tempo distendido do romance realista, ainda que tenha por isso que oscilar entre dois modelos da ciência e ver sua causalidade se dividir a partir do interior.

A terceira se interroga sobre o sentido e as formas assumidos pela imaginação ficcional quando desaparecem as barreiras que separavam a razão dos fatos da razão das ficções: quando um romancista, convencido de que a verdadeira imaginação nunca inventa nada, deve mesmo assim inventar e fazer agir personagens que ele nunca "encontrou"; ou quando a crônica de uma viagem cujas etapas estão bem localizadas num mapa nos deixa incertos sobre o tipo de realidade do que ela nos conta a cada etapa e sobre a própria temporalidade da viagem.

Já a quarta questiona, na esteira de um comentador ilustre, a comunidade que a ficção delineia e a humanidade que promete quando deixa de ser a organização de ações com a qual tinha sido identificada por séculos. Explora para tanto essas ficções-limite que incluem aqueles a quem normalmente nada pode nem deve acontecer ou que se mantêm sobre a própria linha de separação entre o mundo onde nada acontece e aquele onde alguma coisa se passa.

O leitor atento perceberá na certa que o encadeamento assim definido não passa de uma ordem entre outras e que cada episódio dessa história atravessa as fronteiras que separam as partes e os capítulos, entrando em ressonância com este ou aquele outro, retomando os problemas e reexaminando os objetos e aquilo que está em jogo. Cada episódio é, em suma, o relato de uma aventura intelectual singular que vem se refletir nos outros e refleti-los por sua vez de acordo com o princípio igualitário que o pensamento da emancipação intelectual opôs aos preceitos da pedagogia progressiva e progressista. O mesmo leitor perceberá facilmente que essas investigações sobre as aventuras modernas da racionalidade ficcional entram elas próprias, de múltiplas maneiras, em ressonância com as que dediquei às aventuras sensíveis por meio das quais novos temas se constituem, mundos comuns se formam e conflitos de mundos advêm: aventuras por meio das quais palavras se fazem carne e desviam vidas de sua destinação, noites transtornam o ciclo normal do dia e da noite, olhares lançados de uma janela engendram a divisão dos corpos proletários, estátuas mutiladas, crianças piolhentas ou cabriolas de palhaços criam uma nova beleza e o tatear de ignorantes diante dos signos da escrita define uma outra vida da inteligência. Através de todas essas aventuras, prossegue uma mesma investigação sobre a revolução por meio da qual aqueles que não são nada se tornam tudo.

PORTAS E JANELAS

ATRÁS DOS VIDROS

Em 1857, o crítico Armand de Pontmartin redigiu uma resenha de *Madame Bovary*. À sobrecarga realista da gentinha e das coisas vulgares em que se atola o romance dos costumes de província, ele opôs as épocas felizes em que a ficção tomava por objeto os sentimentos delicados dos homens e das mulheres de qualidade. Estes só viam o campo e a gente do povo de longe, pelas janelas de seus palácios ou pela portinhola de suas carruagens. Essas janelas que separavam as classes sociais separavam também a ficção romanesca da realidade ordinária. Elas abriam assim "um amplo espaço e admiravelmente preenchido com a análise dos sentimentos mais finos, mais complicados, mais difíceis de destrinchar nas almas de elite do que no vulgo".[1] Nos tempos democráticos, portas e janelas teriam se aberto demais, deixando entrar no branco das páginas, com a lama do campo, a trivialidade da gentinha e o inconveniente das coisas mesquinhas.

Inútil acusar o preconceito aristocrático do jornalista de nome metido a nobre. Ele é evidente. Mas tampouco é necessário admirar, como se fazia até pouco tempo atrás, a lucidez desses escritores e críticos reacionários que souberam, "apesar de seus preconceitos", nos mostrar a realidade da luta de classes. Esta também, para eles, era evidente. Não é, portanto, apesar de seus preconceitos, e sim por causa destes que eles apontaram sua objetiva para o ponto preciso em que a topografia de um mundo ficcional

---

[1] Armand de Pontmartin, "Le roman bourgeois et le roman démocrate: mm. Edmond About et Gustave Flaubert" ["O romance burguês e o romance democrata: os srs. Edmond About e Gustave Flaubert"], *Le Correspondant*, 25 de junho de 1857.

se abre não simplesmente para a realidade social, mas para a topografia simbólica que a torna visível e atribui a cada um seu lugar nela. É isso que simbolizam as janelas e as portinholas invocadas pelo crítico. Compreende-se, evidentemente, que ele fala por metáforas. Mas a metáfora não é apenas uma maneira de expressar um pensamento por imagens. Ela é, bem mais profundamente, uma maneira de inscrever a descrição de um estado de coisas na topografia simbólica que determina as formas de sua visibilidade. E é o que faz nosso crítico. Ele pode suspirar pelos bons e velhos tempos da aristocracia social e romanesca, nem por isso deixa de pertencer a seu tempo, o das revoluções políticas e estéticas modernas. E, nesse tempo, a crítica mudou de *status*. Já não diz como as obras devem ou deveriam ter sido feitas para satisfazer as regras da arte e o gosto do público. Diz como elas são feitas, que mundo sensível constroem e como se reflete nele o espírito do tempo que as engendrou. É o que faz Pontmartin. Ele não diz que o romance de Flaubert foi mal concebido ou mal escrito; diz que ele é semelhante a seu tempo, que é o tempo da democracia, animado pela energia dessa força histórica brutal, e arrastando como ela, em seu curso, todo tipo de detrito. Para dizer isso, ele deve focar nessas descrições de estados de coisas ou de sensações que se deixam transformar em janelas abertas para a realidade de que são o produto. Faz assim do próprio romance uma porta aberta para o mundo que o engendrou.

Pois há dois tipos de portas e de janelas na ficção. As que ela descreve e que servem aos fins da narração: portas pelas quais se passa para executar esta ou aquela atividade, ou contra as quais nos chocamos como contra uma barreira que retém o ser eleito ou separa condições; janelas das ficções picarescas de antanho que os jovens galgavam com escadas improvisadas; novas janelas das ficções sentimentais, atrás das quais moças se entediam, mas também, às vezes, fixam seu olhar numa visão inesperada que vai abalar suas vidas. Mas há também as portas e janelas não ditas: os inícios de romances que não fornecem simplesmente os elementos de uma intriga, mas a própria textura de um mundo de seres, de coisas e de acontecimentos, e sua relação de continuidade ou desvio com o mundo dito real; as descrições que não apenas montam o cenário de uma ação, mas também instalam um modo de visibilidade em harmonia ou em ruptura com as relações que a ordem normal do mundo estabelece entre as coisas e as palavras. E, claro, as portas e as janelas que servem de acessórios à ficção sempre podem se tornar elas próprias as metáforas dos modos de visibilidade e das formas de encadeamento da ficção, do tipo de real que ela constrói e do tipo de realidade que a torna possível.

É nesse espaço que se move a metáfora de Pontmartin. Porém, como os reacionários do seu tempo, ele tem pressa demais em opor os amplos espaços e as nobres perspectivas das elites de antanho aos espaços atulhados e aos caminhos lamacentos da era democrática. Essa pressa o impede de ter uma visão mais exata das transformações da ficção e de divisar com maior precisão a relação dessas transformações com as que afetam a partilha das condições. Pois, entre as janelas protetoras de antanho e as portas escancaradas de seu tempo, passaram-se muito mais acontecimentos do que sua grade interpretativa consegue reter. Às portas que mantinham as vidas da elite afastadas da vida trivial sucederam-se outras portas que mantêm essa vida trivial afastada dos segredos ocultos da sociedade e das almas. As janelas se revelaram propícias a aproximar as almas tanto quanto a separar as condições. Por si sós, elas embaralharam as relações entre o dentro e o fora, entre o nobre e o vulgar, colocando sob o olhar da ciência entomológica os salões dos homens de elite ou oferecendo ao olhar do artista e do apaixonado a poesia da face obscura da sociedade. Elas criaram novos afetos, embaralhando o quadro das paixões, a etiologia de suas causas, as formas de sua expressão e sua atribuição a esta ou aquela condição social. Assim, tornaram incertas não apenas as fronteiras das condições como também as próprias partilhas entre a contemplação e a ação, entre o fictício e o real.

O que contraria em primeiro lugar a partilha simples estabelecida pelo crítico aristocrata é a descoberta de que, atrás das portas e das janelas dos palácios, as almas ditas de elite se dividem em duas categorias inconciliáveis. Há aquelas que, optando por dissimular seus sentimentos e trancafiar seus semelhantes, desvelam sua efetiva baixeza; e há aquelas que tomam o partido das janelas, o partido da transparência e da sinceridade. De janela em janela, essas almas de natureza nobre se reconhecem e separam essa nobreza sensível de qualquer questão de condições sociais. As personagens de Stendhal são testemunhas disso. A singularidade comum a *A cartuxa de Parma* e a *O vermelho e o negro* é a de proporcionar ao herói uma estadia atrás das paredes de uma prisão, que ele vive, em ambos os casos, como um momento de felicidade absoluta: ali ele está livre das vãs intrigas da sociedade, apto a descobrir o único bem realmente valioso: o comércio com uma alma de mesma natureza. Na prisão à moda antiga de Besançon, Julien Sorel pode reviver, fora de toda ambição ou humilhação social, seu puro amor pela senhora de Rênal. Já na *Cartuxa de Parma*, Fabrice está trancado numa fortaleza onde todas as visitas são impossíveis e onde um diretor consciencioso tenta obstruir até a vista para o exterior com um quebra-luz de madeira. Porém, antes de a obra de marcenaria ficar pronta, Fabrice teve tempo de descobrir, dois metros abaixo e a oito metros de distância, o terraço onde, todos os dias, Clélia, a filha do tirano, vem cuidar dos seus pássaros. Teve tempo, assim, de ver a moça dirigir à janela de sua cela um olhar cheio daquela piedade que, desde Rousseau, exprime não apenas a simpatia por aqueles que sofrem como também o reconhecimento de que aquele que sofre é um semelhante, o reconhecimento pela alma sensível de uma alma de mesma natureza. É a certeza adquirida nessa troca longínqua de olhares que lhe dará a energia para perfurar na grossa tábua de madeira o quadrado destinado a perpetuar o diálogo dos olhares. É essa certeza também que dará aos dois jovens a engenhosidade que lhes permitirá se comunicarem com sinais e depois com palavras feitas de letras recortadas em alfabetos improvisados. Assim, as duas almas nobres que habitam a prisão administrada pelo “liberal” Conti para o miserável potentado local se reconhecem de janela a janela.

A facilidade desse reconhecimento pode evidentemente deixar o leitor cético. Como admitir que uma simples mola de relógio de pulso tenha fornecido ao herói o instrumento adequado para perfurar a madeira e criar uma abertura? Como acreditar que uma abertura tão pequena permitisse aos jovens trocar a essa distância mensagens cada vez mais longas e complicadas? Mas essa exigência de verossimilhança não apenas passa ao largo da questão. Ela implica um juízo sobre aquele que a formula e o coloca do lado dos carcereiros que perseguem as almas sensíveis. Estas, precisamente, não conhecem obstáculos nem objeções. A transparência das almas não está sujeita ao acaso das circunstâncias. Foi na larga estrada real que os dois jovens se encontraram pela primeira vez, e que Fabrice, à portinhola de uma carruagem, formulou, a respeito de Clélia, então com doze anos, este juízo aparentemente despropositado: "Seria uma encantadora companheira de prisão. Que pensamento profundo sob essa fronte! Ela saberia amar".[2] Quanto ao idílio de três anos que os amantes saborearão após a libertação de Fabrice, ele se dará inteiramente no escuro. A razão oficial disso é o respeito ao juramento feito por Clélia à Madona: nunca mais *ver* aquele que ela ama. Como é pouco provável que a Madona aprecie essa maneira de manter uma promessa enganando o marido, é de se pensar que a verdadeira razão dessa escuridão seja outra: aqueles que se reconheceram ao primeiro olhar já não precisam se ver. E, de sua parte, o romancista nada mais tem a dizer desses amantes que agora nenhuma parede separa, e pede permissão ao leitor para silenciar sobre seus três anos de felicidade.

A proximidade das almas através das janelas longínquas rompe a velha hierarquia narrativa. Essa ruptura, no entanto, não corresponde nem um pouco à partilha dos tempos antigos e novos invocada pelo crítico nostálgico. Ainda que Stendhal sugira que o caçula do marquês Del Dongo tem como verdadeiro pai um oficial da França republicana, isso não faz de Fabrice o representante de uma democracia que estaria invadindo o espaço até pouco antes reservado às almas de elite. A perturbação introduzida no mundo aristocrático dos sentimentos e das ações não se deve à invasão das massas, e sim ao regime do visível que essa história de comunicação à distância instaura. E esse mesmo regime atesta um singular embaralhamento dos tempos. Pois esse reconhecimento das almas

[2] Stendhal, *La Chartreuse de Parme*, in *Romans et nouvelles*, Paris, Gallimard, "Bibliothèque de la Pléiade", t. 2, 1948, p. 99 [ed. bras.: *A cartuxa de Parma*, trad. Rosa Freire D'Aguiar, São Paulo, Companhia das Letras, 2012].

pela linguagem dos olhos e das atitudes parece olhar mais para o passado que para o futuro. Ele vem daquele século XVIII em que se inventou uma igualdade das almas sensíveis que desarma ao mesmo tempo os acasos do nascimento e os artifícios daqueles que tentam perturbar seus efeitos. Fabrice e Clélia se reconhecem como o fazem as almas sensíveis rousseaunianas, que renegam a distância das condições, ou o aristocrata de Voltaire, seduzido pela simplicidade da criada Nanine. Mas o fazem também à maneira daqueles grandes senhores de Marivaux, que prontamente se reconhecem sob os disfarces de pajem e de criada graças aos quais cada um pretende observar à socapa a verdadeira natureza de seu prometido ou de sua prometida. Eles se reconhecem como os seres sensíveis cujos olhos e gestos não podem não exprimir sua natureza e como os seres razoáveis a quem, na era da ideologia e das línguas de sinais, nunca faltam meios para indicar seus sentimentos. Apesar da distância e da inconveniência da disposição dos lugares, a comunicação entre as janelas da prisão não gera nenhum quiproquó nem qualquer perda de informação. Pois essas janelas metaforizam a relação entre duas almas que já se oferecem uma à outra como duas superfícies inteiramente transparentes, nas quais os sentimentos se traduzem sem perda nem fingimento nos olhos, nos gestos e nas atitudes. É por isso também que esse comércio dos olhos e das almas está a salvo de qualquer espionagem. A vigilância dos espíritos mesquinhos é incapaz de surpreender a comunicação das almas sensíveis por uma razão muito simples: estas não pertencem ao mesmo mundo que aqueles. A mais ínfima fresta basta para que as almas sinceras se reconheçam. Assim, o poder dos carcereiros se esgota tentando fechar hermeticamente essa fresta, no intuito de impedir que seus olhares se cruzem. E se perde assim que a menor fresta de luz permite fazê-lo. Essas janelas transparentes são talvez a derradeira forma da utopia das almas sinceras que atravessou o século anterior e cuja marca indelével o jovem Henri-Marie Beyle transmitiu ao romancista Stendhal.

Este acreditava que só seria compreendido pelos homens do futuro. Mas se equivocava quanto à razão disso: o que confere valor ao idílio por trás das janelas da prisão de Parma, o que garantiu seu sucesso na posteridade, não foi que sua psicologia estivesse avançada em relação a seu tempo. Foi, ao contrário, seu perfeito anacronismo. No tempo de Balzac e de Flaubert, a comunicação direta das almas sensíveis é uma coisa do passado. Ou antes, encontra-se dividida entre dois extremos: de um lado, afogou-se no universo telepático da espiritualidade swedenborguiana; de outro, transformou-se num chavão de sedutor em que só caem provincianas sentimentais como Dinah Piédefer (*A musa do departamento* [de Balzac]) ou Emma Bovary. Acontece, é claro, de os dois lados entrarem em comunicação, mas ao custo de se introduzir brutalmente o sobrenatural no universo cotidiano. *Ursule Mirouet* oferece o exemplo perfeito disso. Balzac o escreveu pouco depois de ter lido *A cartuxa de Parma* e certamente se lembrou de Fabrice e Clélia quando fez nascer de uma única troca de olhares pela janela a paixão da jovem Ursule por Savinien de Portenduère. Mas os dois olhares que se cruzam em seu romance não são os de almas que se reconhecem de longe através do espaço carcerário que as separa. Através de sua janela aberta que dá para a janela escancarada do vizinho, a jovem provinciana admira primeiro a elegância dos gestos e dos acessórios de toalete do jovem parisiense. E se as duas almas se reúnem no final, é graças a uma maneira totalmente diferente de ver à distância. É a telepatia que permite a uma vidente swedenborguiana descrever exatamente ao padrinho incrédulo de Ursule o que se passa durante sua ausência no quarto da moça. E é essa mesma telepatia que, mais tarde, permitirá a Ursule ver aparecer em sonho seu padrinho morto e descobrir com ele o roubo cometido por seu primo, em seu detrimento. É graças a esse uso um tanto prosaico da comunicação das almas que a moça poderá recuperar sua fortuna e se casar com o rapaz da janela em frente. Compreende-se então que, no longo elogio da *Cartuxa* que redige nesse mesmo momento, Balzac ignore o diálogo das almas sinceras entre duas janelas. Essas aberturas pelas quais as almas transparentes reconhecem seus semelhantes para ele se tornaram opacas. Não é que em sua obra as janelas tenham perdido importância. Muito pelo contrário: mais de uma vez elas bastam para engendrar a narrativa. Mas não são mais aberturas por onde as almas se encontram. São molduras que bloqueiam a visão e instauram um dispositivo de captura. Este assume inicialmente o aspecto do olhar entomológico que apreende os caracteres das espécies sociais. Mas essa visibilidade clara logo se turva, e o caçador vira cativo quando a moldura recorta no quadro das espécies sociais a imagem de um novo ídolo ou quando o olhar se perde no indistinto do devaneio.

A captura se faz primeiro a partir de um lugar sem privilégio, a rua dos pedestres anônimos. E visa em particular esses seres de elite que não se dignam a voltar seu olhar para a vulgaridade do exterior. Em *O gabinete das antiguidades*, Balzac confia ao jornalista Émile Blondet a tarefa de descrever as quatro janelas de esquina através das quais os passantes podiam ver, como numa jaula de vidro, os autômatos empoados que povoavam em sua infância o salão da família d'Esgrignon: "Eu via através das vidraças corpos deformados, membros mal articulados cuja economia e contextura nunca tentei explicar; mandíbulas quadradas e muito aparentes, ossos exorbitantes, ancas luxuriantes".[3] Os que viram aristocraticamente as costas para as vulgaridades do exterior se tornaram animais numa jaula ou autômatos numa vitrine. E essa não é uma particularidade das ruas provinciais de Alençon. É, de modo bem mais geral, o romance novo que inverte os antigos trajetos do interior para o exterior. Porém, ele faz ainda mais: identifica o ponto de vista do passante que olha com curiosidade pela janela com o do estudioso que isola uma espécie social em via de extinção. A janela é uma vitrine de museu onde aqueles que tentam se manter afastados do mundo moderno são oferecidos à observação como objetos de ciência.

Há, é claro, uma maneira simples de responder a essa ameaça: ela consiste em cerrar as cortinas e se enclausurar nos aposentos bem fechados de bairros pouco frequentados. É o que faz, em *Uma dupla família*, o zelo devoto da jovem senhora de Granville, também ela nativa da Baixa Normandia, que enclausura sua vida familiar no fundo do Marais. Mas essa precaução é inútil. O re-

---

[3] Honoré de Balzac, *Le Cabinet des antiques*, in *La Comédie humaine*, Paris, Gallimard, "Bibliothèque de la Pléiade", t. 4, 1976, p. 976 [ed. bras.: *O gabinete das antiguidades*, in *A comédia humana*, vol. 6, trad. Elza Lima Ribeiro, Gomes da Silveira e Lia Correia Dutra, Rio de Janeiro, Globo, 2013].

sultado é obrigar seu marido a atravessar as ruas estreitas dos bairros populares para chegar a seu local de trabalho. Dessa forma, o jovem magistrado se vê exposto ao poder de outras janelas, as que põem em comunicação a escuridão das ruas tortuosas com a das habitações populares. Essas janelas deixam apreender, na hora em que as lamparinas se acendem, não mais uma espécie social particular, mas o outro lado da sociedade, o mundo do trabalho e da pobreza. Porém, oferecem-no ao olhar sob uma forma bem específica: uma visão de arte fugidia, um quadro de gênero em que, como para Diderot, o encanto da pintura é inseparável da moralidade de seu tema: a mãe e a filha aplicando-se a bordar, à luz de dois globos de vidro, atrás de grades em que a jovem trabalhadora soube fazer crescer capuchinhas, ervilhas-de-cheiro e glórias-da-manhã.[4] A bem da verdade, a moralidade do quadro logo se mostra uma simples etapa no caminho do vício: mãe e filha não se farão de rogadas para atender às solicitações do passante e trocar a casinha escura da rua do Tourniquet-Saint-Jean por um apartamento de cocote na rua da Chaussée-d'Antin. Mas o principal não está aí, e sim no duplo abalo da hierarquia ficcional operada por essas janelas voltadas para a rua que transformam os aristocratas em animais de museu de história natural e, inversamente, os rostos das trabalhadoras debruçadas sobre seus bordados em visões de arte e objetos de amor.

Esse uso das janelas confere à democratização da ficção uma figura um pouco mais complexa do que a indicada por M. de Pontmartin. Mas também perturba o projeto do romancista que quer substituir as inquietações íntimas das almas castelãs pelo grande quadro das espécies sociais em mutação. De fato, nesse ponto, a desordem das condições sociais se une à revolução pictórica para definir uma forma de intriga que vem de maneira discreta, mas segura, abalar o projeto de uma suma romanesca idêntica a esse quadro das espécies sociais. Pois a caricatura do salão d'Esgrignon esconde um problema mais profundo, cuja formulação Balzac apenas

---

[4] Honoré de Balzac, *Une double famille*, *ibid.*, t. 2, 1976, p. 20 [ed. bras.: *Uma dupla família*, in *A comédia humana*, vol. 2, trad. Vidal de Oliveira, Rio de Janeiro, Globo, 2012].

esboça no prefácio de *Uma filha de Eva*. Na realidade, o quadro das espécies convinha melhor à antiga sociedade, quando cada um estava em seu lugar e cada indivíduo exibia a fisionomia de sua condição: "Os caracteres eram bem definidos: um burguês, mercador ou artesão; um nobre inteiramente livre; um camponês escravo — eis a antiga sociedade da Europa".[5] Mas precisamente essa adesão dos indivíduos a uma condição fixa "pouco se prestava às condições do romance". O que presta, em compensação, é esse apagamento das diferenças, essa igualdade, cujas desastrosas consequências para a unidade social o ideólogo Balzac ademais deplora. Seu raciocínio parece então refutar de antemão a análise de Pontmartin sobre a decadência do romance no tempo da democracia. "Hoje, a Igualdade produz na França nuances infinitas. Outrora, a casta conferia a cada um uma fisionomia que dominava o indivíduo; hoje, o indivíduo deve sua fisionomia apenas a si mesmo."[6] Esse privilégio dos indivíduos teria pouco valor se não viesse coincidir com uma pequena revolução da pintura ou, antes, da visibilidade pictórica. O tempo dos tipos sociais fixos era o tempo das formas bem desenhadas. O tempo dos indivíduos e de suas "nuances infinitas" é o tempo das variações incessantes da luz conforme as horas do dia; o tempo das meias-tintas e das sombras, dos vapores leves que encobrem uma manhã e dos claros-escuros que desenham paisagens fantásticas ao cair do dia; o tempo em que o olho do artista se demora nos hieróglifos bizarros formados pelas vigas das casas antigas, nas flores que ornam os caixilhos de través e nos rostos de jovens virgens que ali vão se emoldurar, enquanto as próprias jovens virgens, sonhadoras por trás de suas janelas, como figuras de quadros holandeses, leem seu destino em "um espetáculo imprevisto, na aparência de um lugar, num livro, num relance de uma pompa religiosa, num concerto de perfumes naturais, numa deliciosa manhã encoberta por finos vapores, nu-

[5] Honoré de Balzac, *Une fille d'Ève*, *ibid.*, t. 2, 1976, p. 263 [ed. bras.: *Uma filha de Eva*, in *A comédia humana*, vol. 2, trad. Vidal de Oliveira (modificada), Rio de Janeiro, Globo, 2012].

[6] *Idem*.

ma divina música de notas acariciantes, enfim, algum movimento inesperado na alma ou no corpo".[7]

É então nos interstícios do grande monumento que devia representar a sociedade a si mesma que se insinuam novas intrigas, nascidas de uma circunstância, de um reflexo de luz, de uma nuance de sentimento, do recorte de uma moldura fortuita que transforma em ícone uma figura. É um jogo complexo que se joga entre três olhares: o da ciência sobre uma espécie social, o da arte sobre um quadro de gênero e o da narração sobre um objeto de amor ficcional. É porque o proprietário do *Chat-qui-pelote* apagou as luzes da loja por economia que o olhar de fora pôde penetrar, como nos quadros de interiores de Pieter de Hooch ou de seu moderno imitador Martin Drolling, e se fixar no plano de fundo iluminado, onde se recorta, aos olhos do artista que, por acaso, está passando por ali, "um quadro que teria feito parar todos os pintores do mundo":[8] a imagem de calma felicidade da família jantando sob uma lamparina cuja claridade faz brilhar, entre os tecidos, a prataria e os cristais da sala de jantar, a figura pensativa da jovem Augustine. Assim, a arte da ficção se desdobra sobre dois planos, atravessando o primeiro plano, onde coloca cientificamente na vitrine as espécies sociais, para atingir esse plano de fundo em que a arte pictórica apresenta de outro modo os abalos do mundo social, fazendo simplesmente resplandecer nos rostos das filhas de artesãos ou comerciantes uma inédita felicidade plebeia.

Essa felicidade, é claro, só promete infelicidade ao passante que quer tirar a trabalhadora de trás de sua janela ou à moça que se deixa transformar em tema de quadro e objeto de amor. É verdade que é da infelicidade da relação amorosa que a ficção se alimenta. O erro que transforma um quadro de gênero em objeto de amor é, portanto, propício para lhe garantir um belo futuro. Po-

---

[7] Honoré de Balzac, *Le Curé de village*, *ibid.*, t. 9, 1978, p. 654 [ed. bras.: *O cura da aldeia*, in *A comédia humana*, vol. 14, org. Paulo Rónai, Porto Alegre, Globo, 1954].

[8] Honoré de Balzac, *La Maison du Chat-qui-pelote*, *ibid.*, t. 1, 1976, p. 52 [ed. bras.: *Ao "Chat-qui-pelote"*, in *A comédia humana*, vol. 1, trad. Vidal de Oliveira, Rio de Janeiro, Globo, 2012].

rém, há algo mais grave, para a própria ficção. A felicidade do olhar pictural tende a afastar a felicidade dos acontecimentos ficcionais, a torná-la supérflua ou artificial. As bizarrices de uma fachada antiga, os meandros de uma rua pitoresca, a luz de um fim de tarde parecem nos introduzir diretamente *in medias res*, no tempo e no espaço da ação. Mas, na realidade, fazem exatamente o contrário: eles os adiam ao nos reter na contemplação de um passado, na suspensão de um momento ou na "massa de gozos flutuantes, a toda hora" nas ruas da cidade.[9] O quadro que deveria fornecer os elementos próprios a desencadear a ação tende a se fechar no tempo suspenso do devaneio, forçando essa ação a transcorrer na imobilidade de seu tempo suspenso ou a se nutrir do artifício dos incidentes inventados: acasos da navegação de longo curso ou de especulações na bolsa, manipulações de testamentos, intrigas de poderosos ou bufonerias de jornalistas, falências ou assassinatos. É a demonstração que oferece *in nucleo* o insignificante incidente que, no romance "A bolsa", faz o herói cair, literalmente, do infinito do devaneio nas peripécias de uma ação ficcional. A narrativa começa, de fato, com uma longa meditação sobre esse momento "em que a noite ainda não é e o dia já não é mais" e em que "a luz crepuscular lança então suas brandas tonalidades ou seus reflexos bizarros sobre todos os objetos e favorece um devaneio que se casa vagamente com os jogos da luz e da sombra".[10] O sonhador, no caso, é o jovem pintor Hippolyte Schinner, empoleirado numa escada diante do quadro que está pintando, mas, sobretudo, abismado no gozo do claro-escuro e nas meditações que ele engendra, perdido nesse momento em que a atividade do pintor se volta para o devaneio indistinto que lhe fornece seu tecido sensível. Para fazer cessar essa suspensão e começar a ação, é preciso que um passo em falso na penumbra derrube o pintor da escada.

---

[9] Honoré de Balzac, *Ferragus*, *ibid.*, t. 5, 1977, p. 794 [ed. bras.: *Ferragus*, in *A comédia humana*, vol. 8, trad. Ernesto Pelanda, Gomes da Silveira e Vidal de Oliveira, Rio de Janeiro, Globo, 2013].

[10] Honoré de Balzac, *La Bourse*, *ibid.*, t. 1, 1976, p. 413 [ed. bras.: *A bolsa*, in *A comédia humana*, vol. 1, trad. Vidal de Oliveira, Rio de Janeiro, Globo, 2012].

Tal queda ocasiona a intervenção da inquilina do andar de baixo e permite desencadear, em torno a uma história de bolsa bordada, um parco idílio que terminará com um pedido de casamento. A ação nasce, como a contragosto, do acidente que interrompeu a suspensão do devaneio. E está sempre tentada a voltar a ela. O austero estudo do cientista que olha de cima o quadro da sociedade e o do artista que quer captar em sua moldura as nuances de luz que colorem um interior e matizam a expressão de um rosto podem no limite se fundir no olhar flutuante do sonhador. É assim que, num episódio de *A pele de onagro*, o olhar de Raphaël, retirado em sua mansarda de pesquisador austero, plana sobre as ondas imóveis dos telhados de ardósia ou de telha que cobrem "abismos povoados"[11] e deixam entrever atrás desta ou daquela janela o perfil de uma velha regando capuchinhas ou a fronte e os longos cabelos de uma moça fazendo sua toalete. Pois atrás de cada janela existe a virtualidade de uma narrativa, certamente mais digna de crédito e talvez mais rica de intensidade que a extravagante história do talismã oriental. Assim, o olhar de lucarna a lucarna, o olhar cinematográfico, se instala em duradoura vizinhança com o do naturalista social. Porém, faz mais: contamina-o com sua igual curiosidade ou sua igual indiferença. O princípio da "comédia humana" pretendia ser o da ciência social em que cada ação e cada situação ganham sentido articulando-se com todas as outras. No fim das contas, ele é o da janela atrás da qual as coisas só fazem sentido isolando-se na clausura de um quadro e só "fazem quadro" fundindo-se numa luz indistinta, mantendo-se bem na beira do oceano onde todo sentido se abisma no movimento imóvel e sempre recomeçado das ondas.

Uma nova espécie de equilíbrio se estabelece então entre os quatro termos do quadrado ficcional definido por Aristóteles: felicidade e infortúnio, ignorância e saber. A preocupação do estudioso que infere os infortúnios ficcionais do conhecimento de suas causas sociais se transforma na felicidade do pintor, que tem como

---

[11] Honoré de Balzac, *La Peau de chagrin*, *ibid*., t. 10, 1979, p. 136 [ed. bras.: *A pele de onagro*, in *A comédia humana*, vol. 15, org. Paulo Rónai, Porto Alegre, Editora Globo, 1954].

reverso a infelicidade de um amor que jamais abolirá a distância de janela a janela. Esse infortúnio, essa infelicidade, por sua vez se apaga na felicidade do devaneio que abarca, para além de qualquer janela particular, o movimento imóvel das ondas e dos "abismos povoados". Essa felicidade é uma nova forma de saber, um saber que não aponta nenhuma causa e não promete nenhum efeito. A ciência do estudioso que conhece o encadeamento das causas e a do dramaturgo que produz e retém o temor dos efeitos se abismam juntas no olhar sonhador de um artista que tomou para si a piedade da moça à janela, o afeto das almas sensíveis que faz com que se reconheça o semelhante naquele que sofre e espera atrás da janela, do outro lado do pátio.

OS OLHOS DOS POBRES

Na calçada, ao rés do chão, outros olhares sobre outros quadros se oferecem à consideração dos sonhadores. Assim os olhares dos pobres que passeiam, subitamente detidos pelo novo esplendor feérico do café dos bulevares que exibe aos olhos dos passantes seus espelhos, seus dourados e suas decorações mitológicas. Se for poeta, o consumidor sentado à mesa do café encontrará ali a ocasião de meditar sobre o que se partilha e o que não se partilha daquilo que os olhos veem, de cada lado das vidraças. É esse o novo tesouro que se oferece à poesia quando se abrem as janelas atrás das quais se protegiam os tormentos das almas de elite e quando a rua oferece tanto aos ricos quanto aos pobres o espetáculo dos gozos dos outros. Agora ela pode se infiltrar na personagem de cada passante e se entregar inteiramente ao "imprevisto que se mostra".[1] O poeta tenta então imaginar o pensamento que atravessa os olhos do pai admirado diante de tal trabalho de arte, os da criança simplesmente bestificada por essa profusão de luz e os do irmão mais velho, para quem esse luxo devolve a imagem de sua exclusão. Esse prazer de partilhar o lampejo que passa nos olhos dos pobres do outro lado da vidraça não se deixa infelizmente partilhar com uma companheira cujo contentamento se vê, pelo contrário, arruinado por esses olhos "escancarados feito portas-cocheiras".[2]

---

[1] Charles Baudelaire, "Les Foules", in *Oeuvres complètes*, Paris, Gallimard, "Bibliothèque de la Pléiade", t. 1, 1975, p. 291 [ed. bras.: "As multidões", in *O spleen de Paris: pequenos poemas em prosa*, trad. Samuel Titan Jr., São Paulo, Editora 34, 2020].

[2] Charles Baudelaire, "Les Yeux des pauvres", *ibid.*, p. 319 [ed. bras.: "Os olhos dos pobres", *op. cit.*].

Vale a pena se deter nessa metáfora. Talvez, de fato, a tola egoísta que os olhos dos pobres impedem simplesmente de saborear sua bebida enxergue a profundidade inquietante que se esconde atrás desses lampejos de pensamento alheios de que o sonhador acredita poder se apropriar sem problema. As "portas de cocheira" não metaforizam simplesmente a estupefação ou a inveja dos despossuídos diante dos esplendores de um luxo inacessível. Significam também, para aqueles que saboreiam esse luxo, o acesso, aberto por um instante e logo novamente fechado, a profundezas habitualmente ocultas por detrás: insuspeitadas profundezas de sentimentos e de afetos por meio dos quais os filhos dos pobres embaralham a partilha das sensações e das emoções próprias a cada condição.

Para compreender o risco disso, é preciso comparar duas histórias de meninas. Todo mundo conhece Cosette e seu olhar embasbacado diante da *dama*, a luxuosa boneca gigante que transforma em palácio fabuloso a barraca do mercado de Natal em Montfermeil. A garota, como se sabe, não ficará muito tempo sonhando com essa maravilha inacessível. A piedade pelos despossuídos se deixa encarnar, com efeito, na pessoa de Jean Valjean que, além disso, dispõe dos meios para lhe oferecer esse luxo. Cosette terá, pois, sua boneca. E, para dizer a verdade, terá ao longo de toda a história tudo aquilo que deseja. Mas isso às custas de não ser ela própria mais que uma boneca, um desses "manequins" que indignam Flaubert, esses "bonequinhos de açúcar" que nunca vemos "*sofrer* no fundo de suas almas".[3] A crítica de Flaubert contém, apesar de tudo, uma pequena injustiça: pois há em *Os miseráveis* uma personagem em que o autor de *Madame Bovary* poderia ter reconhecido a irmã daquele pequeno Justin que, em poucas pinceladas, ele transformou no tímido adorador de Emma; uma personagem de quem — assim como do aprendiz de farmacêutico — não vemos o fundo da alma, mas cujo sofrimento discreto canta sua melodia contínua em contraponto à estúpida felicidade de

[3] Gustave Flaubert, "Carta a Edma Roger des Genettes", julho de 1862, *Correspondance* [Correspondência], Paris, Gallimard, "Bibliothèque de la Pléiade", t. 3, 1991, p. 236.

Cosette: a menina de rua, Éponine, que o poeta faz morrer na barricada, concedendo-lhe a felicidade derradeira de confessar numa litotes clássica àquele que ela acaba de salvar esse sentimento de pobre, ignorado por todas as personagens, mas que o leitor gozava do privilégio de conhecer havia muito tempo: "Além disso, veja só, senhor Marius, acho que eu estava um pouco apaixonada pelo senhor".[4]

Assim se revela, ainda que de forma modesta, essa profundidade escondida por trás das "portas de cocheira", que não se deixou surpreender em nenhum olhar, mas que se deixa condensar num epigrama. Essa condensação ela própria merece atenção. Uma forma de ficção e um regime de afeto ficcional podem muitas vezes, de fato, se resumir numa figura de linguagem. A tragédia aristotélica, com seus encadeamentos de causas que produzem efeitos contrários aos esperados, era homóloga à estrutura do chiste, invertendo o final que o início da expressão fazia antever e permitindo assim ao ouvinte gozar de seu próprio erro.[5] Essa estrutura de expectativa pega no contrapé organizava o jogo dos afetos entre o temor que faz antever o infortúnio e a piedade que se volta para seus efeitos. A litotes em que se resume o destino de Éponine, no fim de um dos 350 capítulos do romance, atesta uma nova economia narrativa. A estrutura que conduzia os heróis de uma fortuna à fortuna inversa é aí ao mesmo tempo completada e contrariada por essas esquivas, por esses olhares para dentro do abismo, que a abrem para o universo de infortúnios mais secretos que se mantêm como que apartados da ficção, na fronteira que separa as coisas dignas das indignas de serem contadas. É para isso que servem esses fins de capítulo em forma de epigramas ou cenas mudas que fazem correr entre os capítulos o fio de uma narração latente: a narração dos infortúnios que se resumem a demasiado pouca coisa para serem contados, mas também que perderiam, se detalhados, a potência que têm justamente de exprimir esse mundo de

---

[4] Victor Hugo, *Les Misérables*, Paris, Gallimard, "Bibliothèque de la Pléiade", 1951, p. 1169 [ed. bras.: *Os miseráveis*, trad. Frederico Ozanam Pessoa de Barros, São Paulo, Companhia das Letras, 2017].

[5] Aristóteles, *Retórica*, III, 11, 1412a, 19-22.

acontecimentos e de emoções que não fornece matéria à ficção. Esse é o fio que Éponine desenrola desde o momento em que entra no quarto de Marius, quando, à missão que lhe foi delegada pelo pai (arranjar, como pobretona, um pouco de dinheiro com o vizinho), se acrescenta a que Marius lhe incumbe (encontrar, como menina de rua que sabe se virar, o endereço de Cosette). Duas missões que lhe indicam *a contrario* os dois papéis que a história lhe proíbe: ser uma mulher e ser um objeto de amor.

É verdade que essas aberturas furtivas da narrativa para aquilo com o que ela não pode se sobrecarregar trazem em germe um novo modo de narração: a forma breve da novela ou do poema em prosa. Esta pode, melhor do que o romance-rio da miséria, fazer um todo da simples infelicidade de uma vida que não é nada. Mas deve para tanto condensar os encadeamentos da narrativa na instantaneidade de um olhar para uma cena furtiva, ou de um curto relato em que se resume o drama inteiro dessa vida. Esse modo de narrativa é o que melhor se adequa ao afeto da piedade ampliada que estrutura a atenção aos acontecimentos do encontro entre os mundos separados. A ampliação do afeto tem por correlato uma restrição do tempo e do espaço ficcionais; e encontra seu lugar privilegiado nessas pequenas formas epigramáticas que dizem tudo numa única cena ou se contentam em ampliar sua simples ressonância.

Ao olhar de Cosette para a boneca prodigiosa que se pode comprar pelo seu preço, é preciso então opor o olhar de outra pobretona que deixa entrever as profundezas vertiginosas soterradas por trás das "portas-cocheiras". É essa vertigem que aprofunda uma novela curta de Maupassant, "A empalhadora". É uma história contada durante uma noitada num castelo em que os convidados conversam sobre a possibilidade de um amor ocupar uma vida inteira. O narrador, como acontece com frequência em Maupassant, é um médico, um homem cuja profissão obriga a circular entre os mundos separados e a ver os sofrimentos normalmente ocultos dos homens e mulheres de sua condição: não simplesmente os efeitos do trabalho e da miséria sobre os corpos dos pobres, mas os efeitos em suas almas de paixões de que "as pessoas de bem" nem sequer os imaginam capazes. Assim era o amor da miserável empalhadora que acaba de morrer pelo farmacêutico cuja pinta de burguês satisfeito se exibe atrás da vitrine de sua botica. Esse amor de uma vida obedece ele próprio à estrutura do epigrama. Ele é, de fato, a extensão de um único momento, de um momento de loucura em que toda a ordem natural dos sentimentos e dos comportamentos entre os ricos e os pobres, os felizes e os infelizes, foi posta de cabeça para baixo. A pequena empalhadora de cadeiras, filha de nômades que passam todos os anos na cidade na mesma época, topou por acaso, muito tempo antes, com um espetáculo inverso ao que se oferecia aos ociosos do bulevar em Baudelaire: o espetáculo, para ela incompreensível, da infelicidade dos ricos, resumido pelo choro do menininho tão fofo e tão bem vestidinho a quem os colegas tinham roubado dois vinténs. Foi então que ela teve a audácia inaudita de levar até o fim a inversão dos papéis: incapaz de suportar a mácula feita à paisagem do visível pelo choro desse ser destinado à felicidade, ela lhe dá os sete tostões que tinha consigo. Mas ela também se mostra mais ousada que Éponine, que, em vão, tinha deixado Marius adivinhar a recompensa que ela esperava por ter encontrado o endereço, antes de pedir, por ter salvo sua vida, a única graça de um beijo póstumo. A empalhadora se faz pagar na mesma hora, beijando loucamente o menininho ocupado demais em contar os tostões para se incomodar com isso. E todos os anos ela recomeça a inverter por um instante a ordem do mundo, pagando com alguns tostões acumulados em doze meses os beijos dados no menininho rico.

O tempo do colégio e da vida adulta põe fim a esse idílio e faz do garoto adorado um farmacêutico barrigudo e honradamente casado, que nem sequer reconhece mais sua antiga enamorada e só lhe dá em troca de seus tostões medicamentos do outro lado do balcão. Resta à empalhadora o único recurso de acumular moedas que já não pode trocar e deixá-las em herança para o honesto burguês. Esse confrade de Homais[6] fica horrorizado ao saber pelo médico desse legado e do amor que o acompanhou silenciosamente ao longo de toda sua vida. E, logicamente, verá nisso uma

---

[6] O farmacêutico Homais, personagem do romance *Madame Bovary*, de Flaubert. (N. do T.)

dessas perturbações da ordem pública que são caso de polícia: "Se soubesse disso enquanto ela estava viva, teria mandado a polícia detê-la e jogá-la na prisão. E ela não teria saído, pode ter certeza!".[7] Mas, se vira as costas, mesmo no passado, ao amor da miserável, aceita sem se fazer de rogado os dois mil e trezentos francos que ela lhe deixa, consagrando assim, por mais que não queira, o triunfo da sedutora. "Decididamente, só as mulheres sabem amar", concluirá a marquesa, ouvinte privilegiada das histórias de amor impossível.[8] Essa moral que condena o egoísmo masculino recobre outra que a marquesa não pode conceber: só os pobres sabem amar como é bonito amar, isto é, sem esperança. Sem nem mesmo a esperança de ocupar mais do que as poucas páginas de uma novela. Pois é disso mesmo que a beleza da novela é feita.

---

[7] Guy de Maupassant, "La Rempailleuse", in *Contes et nouvelles*, Paris, Gallimard, "Bibliothèque de la Pléiade", t. 1, 1974, p. 551.

[8] *Ibid.*, p. 552.

O QUE VEEM OS *VOYEURS*

É bem conhecido o papel desempenhado em *À la Recherche du temps perdu*[1] pelas cenas de voyeurismo. Escondido atrás de uma janela, o olho do narrador nos faz partilhar, primeiro, os prazeres da senhorita Vinteuil com sua amiga musicista em Montjouvain, depois, o encontro de Charlus e Jupien no pátio da mansão de Guermantes e, finalmente, o ritual sadomasoquista a que o primeiro se submete no bordel do segundo. É fácil destacar a relação entre janela e sexualidade. Sem nem precisar recorrer à janela freudiana do homem dos lobos, basta lembrar que a cena de Montjouvain se segue à evocação dos prazeres secretos do garoto diante da janela aberta do gabinete que cheirava a íris, e que foi para assistir à fecundação de uma flor por um zangão que o rapaz se instalou na janela que dá para o pátio da mansão. Mas o importante não é encontrar as venturas e desventuras do sexo por trás do desejo de saber. É mais interessante tomar as coisas pelo avesso. Por trás do Édipo de Freud há o de Aristóteles, personagem de teatro por excelência uma vez que testemunha exemplar da coincidência entre o reconhecimento que desvela o não sabido e a peripécia que reverte o curso da ação fadando ao infortúnio o homem feliz. Qualquer que seja o peso dos fantasmas sexuais do escritor Marcel Proust, as cenas de voyeurismo da *Recherche* são antes de tudo paradigmas da ação ficcional enquanto intriga de saber. A *Recherche* é para Proust um romance do conhecimento. Ora, o saber se adquire nele de duas maneiras, contraditórias e complementares:

---

[1] Ed. bras.: *Em busca do tempo perdido*, vol. I a VII, trad. Mário Quintana, Manuel Bandeira, Lourdes Sousa Alencar, Carlos Drummond de Andrade e Lúcia Miguel Pereira, Rio de Janeiro, Globo, 2016. (N. do T.)

como fruto da experiência que dissipa as aparências mentirosas; e como revelação que só o acaso fornece àquele que não a esperava, que não estava tentando saber.

De fato, é esse o paradoxo que sustenta a *Recherche* e opera bem lá no fundo a clássica conjunção ficcional entre saber e infortúnio. Daquilo que precisa saber, daquilo que busca por todos os meios conhecer — a verdade sobre os "gostos" de Albertine —, o narrador nunca terá nenhuma revelação direta. O ciumento pode sempre se esfalfar espiando e interpretando os signos, nunca fará mais que reforçar assim o que constitui a essência do ciúme: a dúvida sobre as consequências a se tirar daquilo que se viu e ouviu. Os signos nunca ensinam mais que sua insuperável distância daquilo que devem revelar. É preciso pegar os corpos em flagrante. É isso que o acaso provê. Mas só o provê àquele que não esperava nada dele. O rapaz, cansado pelo passeio e pelo calor de um dia de verão, cochilou e despertou numa moita que se encontrava bem de frente para a janela da senhorita Vinteuil no exato momento em que a moça esperava sua amante. A sede e o fechamento, por causa do toque de recolher, dos cafés onde poderia saciá-la, levam o narrador a entrar no bordel de Jupien, onde Charlus se faz chicotear por bravos soldados de licença que representam o papel dos Apaches de Belleville.[2] Os corpos só confessam se ninguém lhes pergunta nada, se são pegos, sem querer, em flagrante delito de prazer. Porém, se esse saber se oferece inopinadamente sem responder a nenhum desejo do sujeito, é preciso, no entanto, que sua descoberta suscite nele um interesse. Como definir esse interesse? O narrador — como personagem — nos explica como fez assim progressos no conhecimento do sadomasoquismo. Mas ele não é um médico, é apenas um ocioso que, em vão, sonha em escrever. É, pois, a outro que a coisa importa, ao escritor que passou para o outro lado e escreve o romance do acesso do narrador ao conhecimento. É para ele que o saber adquirido sobre a sexualidade de uma personagem tem interesse. Mas esse interesse não pode, evi-

---

[2] Nome de uma temida gangue de marginais que espalhava o terror pelas noites de Paris na primeira década do século XX. (N. do T.)

dentemente, ser o de descobrir uma verdade que ele ignorava. Por definição, ele sabe tudo sobre suas personagens. Seu interesse é mostrar aos leitores que seu livro é uma obra de ciência e, para tanto, organizar a ignorância deles ao mesmo tempo que a de sua personagem.

Essa é a dificuldade de escrever um romance do conhecimento na era moderna da ciência. Bastava a Sófocles que seu herói ignorasse o rumo que havia tomado a maldição que pesava sobre ele. Os espectadores, quanto a eles, podiam muito bem conhecer a história dos Labdácidas: isso lhes permitia apreciar ainda mais a habilidade do dramaturgo em compor o nó entre o saber adquirido por Édipo e a catástrofe que o aguardava. Porém, a coisa muda de figura para o herói sem nome da *Recherche*. Seu tempo — embora conheça novos tipos de "raças malditas" — não acredita mais na maldição divina e crê piamente que o conhecimento é benéfico àquele que o adquire. Mas se acredita nisso, é porque o conhecimento é agora o meio de sair de uma condição normal definida como condição de ignorância. O erro do narrador deve ser o erro de todos aqueles que veem o que se vê habitualmente: a superfície das coisas. Portanto, o herói do romance de aprendizagem não deve apenas preencher as lacunas de seu saber e se livrar das ilusões de juventude. Deve se prestar à operação exemplar da inversão das aparências. Não basta que a verdade lhe seja oferecida atrás de uma janela como uma lacuna preenchida. É preciso que ela lhe seja dada como o contrário do que ele acreditava, como a entrada num mundo onde as aparências que compõem a paisagem habitual de seu universo se invertem. O importante não é que Charlus seja homossexual. É que essa verdade, descoberta por acaso, seja ignorada por todos, e seja inclusive exatamente oposta à personagem que todos, desde o início do livro, veem e nos fazem ver nele: um mulherengo, um obcecado pela virilidade e o amante escancarado da senhora Swann. O que se descobre atrás da janela só tem valor de verdade como denúncia de uma mentira em que todos tinham acreditado. É assim que entram em acordo as duas vias do saber: a revelação por acaso e a dissipação das aparências. As aparências nunca se dissipam sozinhas, e a ciência dos signos é impotente contra a mentira. Quando muito, ela permite reconhecer as espécies sociais num salão. Mas é ainda por sua maneira de mentir que estas se deixam distinguir, como a espécie "princesa" reconhecida por sua fingida solicitude para com as pessoas que não são do seu mundo e que, portanto, não lhe dizem respeito.[3] Para saber o que um corpo deseja, é preciso ter dele a revelação nua. Mas, se é assim, a ciência do romancista não está na produção do conhecimento para o qual basta o acaso de uma presença atrás de uma janela. Ela está na produção da mentira que retarda o conhecimento para melhor lhe atribuir seu valor de segredo descoberto. Aí está, aliás, o que o prazer da escrita partilha com o prazer sexual. Ambos precisam da mentira; ambos precisam da encenação. Proust se deleita — não sem alguma ingenuidade — com a ideia do erro em que mete o leitor a respeito de Charlus. Já este precisa acreditar que os bravos rapazes pagos por Jupien para alimentar seus prazeres são da estirpe dos assassinos e gozam em fazê-lo sofrer. E a senhorita Vinteuil precisa buscar "o mais longe que podia de sua verdadeira natureza moral" a linguagem que "seu coração sensível e escrupuloso" ignora, a linguagem própria da "moça viciosa" que ela deseja ser para excitar o desejo de sua amiga e obter a realização do seu.[4]

Talvez seja aí que a busca do verdadeiro encontre seu paradoxo mais radical. Este pode ser inicialmente formulado numa simples pergunta: como o narrador, que só viu a senhorita Vinteuil quando os dois eram crianças, nas saídas da missa com seu pai, pode conhecer tão bem a "verdadeira natureza moral" da moça? Como, a partir da moita onde deve permanecer deitado para não ser visto por aquela que está "a alguns centímetros" dele, pode não apenas ver todos os gestos e atitudes das duas mulheres e até suas piscadelas como também compreender todas as intenções da encenação da senhorita Vinteuil e, melhor ainda, assistir ao drama que se desenrola no fundo daquela alma onde "uma virgem tímida e suplicante implorava e fazia recuar um guerreiro rude e

---

[3] Marcel Proust, *À la Recherche du temps perdu*, Paris, Gallimard, "Bibliothèque de la Pléiade", t. 2, 1988, p. 718.

[4] *Ibid.*, t. 1, 1987, p. 159.

conquistador"?[5] Se pode fazer isso, é porque a verdade brutalmente revelada a seus olhos tem os contornos previsíveis da aparência invertida. Atrás da mesma janela, anos antes, o narrador tinha visto Vinteuil executar com uma partitura pretensamente posta por engano sobre seu piano o mesmo jogo que sua filha executa com o retrato pretensamente "deslocado" de seu pai. Ele sabe que a moça viciosa tem uma natureza verdadeiramente escrupulosa e sensível, assim como o escritor Marcel Proust sabe que o professor de piano medíocre é um grande compositor, que o antiesnobe Legrandin é um esnobe frustrado, que o vizinho Swann, a quem não se dignam a convidar, é íntimo dos príncipes e das duquesas e que o mulherengo Charlus é um homossexual. É necessária a surpresa da janela para que a verdade seja conhecida, mas ela própria não passa da aparência invertida. Atrás da janela o romancista faz a personagem, cuja voz partilha, conhecer episodicamente um pouco dessa verdade que não passa da mentira das aparências invertida, mas invertida somente sob a forma de revelação pontual oferecida a um eleito. As janelas de Proust só revelam o verdadeiro tornando-o duplamente indissociável da mentira: indissociável da aparência enganadora que elas vêm desmentir, mas também da encenação mentirosa em que a verdade oculta das personagens se revela. O olhar lançado através das janelas sobre a verdade do prazer dos corpos está sujeito à mesma restrição que o olhar que decifra nos salões os signos distintivos das espécies sociais. Não há mais verdade dos corpos nus apreendidos em seus esconderijos que dos corpos vestidos observados em sociedade. A verdade oferecida pela janela ainda é a da mentira.

As janelas da *Recherche* são assim o exato oposto daquelas através das quais as almas sinceras de Stendhal se reconheciam com um único olhar em meio às intrigas da corte e através das paredes das prisões. O século da ciência passou por aí; e ensinou que não havia alma sincera pela simples razão de que não há alma que saiba a verdade sobre si mesma. Ensinou também a reconhecer o verdadeiro por um único signo distintivo: ele é o exato contrário do que aparece. Decerto se sabia havia muito tempo que o hábito

---

[5] *Idem.*

não faz o monge e que a virtude ostentada podia mascarar o vício. Bastava, para constatar isso, aceitar, como Orgon, esconder-se debaixo de uma mesa. O que o observador atrás da janela de Montjouvain descobre para nós é bem mais perturbador: o vício que era tido como a verdade oculta da virtude exibida é ele próprio uma exibição, uma mentira em que se dissimula a virtude. A conclusão pode ser tirada muito naturalmente: mesmo na situação mais privilegiada, a única verdade a que a visão dá acesso é a da mentira. O século de Schopenhauer e de Ibsen chamava isso de a mentira da vida e via de bom grado a literatura como votada a desmascará-la. Já Proust acredita que há uma verdadeira vida cujo nome é literatura. Mas essa verdade sem mentira só pode se manifestar em seu afastamento radical do que se oferece à visão. Em Platão, podia-se passar do amor pelos belos corpos, pelas belas formas e pelos belos discursos ao amor pelo Belo em si. No platonismo radical de Proust, essa via está fechada. A verdade sensível, a verdade que dá à escrita ao mesmo tempo seu impulso e seu texto a decifrar se manifesta unicamente ali onde não há nada a ser visto e nada a ser interpretado: um barulho de martelo ou de garfo, o roçar de um guardanapo engomado, o gosto de um bolinho ou o contato de uma lajota solta. Ela é tátil, gustativa ou sonora, sempre muda, nunca visual. O romance proustiano do conhecimento talvez se encontre, então, em relação a seu tempo, numa posição análoga à do romance stendhaliano das almas sensíveis. Stendhal inscrevia no mundo das intrigas pós-revolucionárias esse encontro dos corações sensíveis com o qual a época das Luzes tinha sonhado. Proust escreve por volta de 1914 uma obra do século XIX — um romance do século do conhecimento que queria explicar as aparências e dissipar seus prestígios, mesmo pagando o preço de chegar a esta conclusão perturbadora: não existe verdade das aparências sensíveis. Só há verdade do sensível ali onde ele não faz nada aparecer, ali onde ele é somente um barulho, um choque, um sabor descolados de qualquer promessa de sentido, uma sensação que remete unicamente a outra sensação.

JANELA PRA RUA

A expressão é recorrente em Rilke, tanto nos poemas como nas cartas ou em *Os cadernos de Malte Laurids Brigge*. Alguém fica à janela. Não se diz que, pela janela, olha a paisagem, os passantes ou a janela da frente. Não se o retrata como curioso ou sonhador. Aliás, em geral ele é mais alguém que é visto do que alguém que vê. Fica simplesmente à janela ou diante dela, eventualmente virando-lhe as costas, como se barrasse seu acesso ou redobrasse sua barreira. Pois a janela aparentemente já não é mais a abertura pela qual alguém se apropria de um mundo visível no exterior. Ela voltou a ser a fronteira que separa o interior desse exterior. Mas é também uma fronteira que altera a própria natureza da relação entre os dois. O exterior não é mais alguma coisa cujos contornos e figuras se dão a ver e a conhecer. É antes uma massa escura, uma força que tenta penetrar, um barulho que invade, um contato que afeta os corpos. Está sob o signo do desconhecido e do inquietante.

De início, contudo, a janela não implicava uma ameaça, e sim uma promessa. Era preciso reaprender a maneira de nela permanecer, reconduzindo o olhar das lonjuras indecisas onde ele se perdia à consideração das coisas próximas. Tal era o programa antirromântico que o poeta se propunha num lugar emblemático para a história do olhar: aquela baía de Nápoles onde tinham se concentrado os sonhos românticos de céu, de mar, de amor e de aventuras: "Por que nossos pais leram tanto sobre esses mundos estrangeiros? [...] permanecendo à janela e tendo no fundo deles mesmos essas lonjuras sem limites e mal compreendidas, com esse olhar que virava quase desdenhosamente as costas para o pátio e o jardim próximos, foram eles que provocaram a tarefa e o trabalho de correção que nos são impostos hoje. Não tendo mais olhos para o que os rodeava, perdiam de vista toda realidade; o próximo lhes parecia tedioso e banal, o longínquo estava subordinado aos caprichos da imaginação deles. Foi assim que tanto o próximo quanto o longínquo caíram no esquecimento".[1]

A tarefa, portanto, parecia inicialmente simples: uma inclinação do olhar voltando do horizonte indefinido para o círculo das coisas próximas que ele pode abarcar com exatidão. O poeta, no entanto, vê aí mais do que uma aproximação: uma conversão. A geração dos pais "tinha virado as costas" para o pátio e para o jardim. É preciso, portanto, se virar de novo para fora. Mas essa virada de direção não é uma inversão que coloca o próximo no lugar do longínquo, como os espíritos críticos na época romântica opunham a terra sólida ao céu especulativo. Ela é o movimento que não os distingue mais, que sabe que o distante nos toca através do próximo. O problema então é saber o que tocar quer dizer. O erro dos pais não era simplesmente esquecer o próximo em proveito do longínquo. Era acreditar que o fora podia ser apropriado, que alguém podia torná-lo seu. Mas não há lugar em nós que o fora possa adentrar. O fora não penetra. Contenta-se em tocar. E esse tocar ainda é um "agir de longe". No tempo da literatura dita "realista", Flaubert pensava que a luz que brilhava em seu olho talvez tivesse sido tomada "do foco irradiador de algum planeta ainda desconhecido" e sentia por vezes que entrava em "uma pedra, um animal, um quadro" à força de olhar para eles.[2] Essas fantasias panteístas não colam mais na era dita simbolista. Nela, o mais desencarnado dos poetas sabe que "o anel que está em meu dedo não pode entrar em mim assim como as mais longínquas estrelas não podem entrar em nós".[3] As coisas só nos atingem como raios que nos fulminam.

---

[1] Rainer Maria Rilke, "Carta a Clara Rilke", 25 de fevereiro de 1907, in *Oeuvres 3. Correspondance*, trad. P. Jaccottet *et alii*. Paris, Seuil, 1976, p. 88.

[2] Gustave Flaubert, "Carta a Louise Colet", 26 de maio de 1853, *op. cit.*, t. 2, 1980, p. 335.

[3] Rainer Maria Rilke, "Carta a Clara Rilke", in *op. cit.*, p. 89.

Pode-se ainda, é verdade, tirar daí uma analogia feliz. As coisas que tocam essas mônadas sem portas nem janelas poderiam desempenhar aí o papel do imã que, à distância, desperta e ordena as forças escondidas num objeto. É a esse preço que se pode manter uma visão da poesia como modo de viver ao mesmo tempo acompanhado pela ordem do mundo e protegido contra suas agressões. A poesia é então definida como o trabalho sobre a história que cada um carrega em si, um trabalho protegido pela ordem na casa cujas paredes e cômodos, móveis e gavetas são também eles modelados por uma história. Esse é o modelo fornecido a Malte Laurids Brigge por Francis Jammes, um poeta bem protegido dentro de sua casa em Béarn, no sudoeste da França, uma casa em que até as janelas parecem se voltar para o interior e lhe reenviar sua luz própria, associadas como estão às portas de vidro da biblioteca "que refletem pensativamente uma extensão querida e solitária".[4] Assim seria a casa do poeta: uma câmara dos espelhos onde os nomes das moças de outrora esvoaçam em leves fitas em seus versos como seus vestidos de tule saem das gavetas da cômoda que os teria conservado num quarto qualquer sempre semelhante a si mesmo.

Contudo, a evocação está ali só para acusar o contraste com o poeta sem casa cujos velhos móveis apodrecem num celeiro. "Foi de outro jeito."[5] Mas não se trata apenas das tribulações da vida de um poeta ou do duplo que ele criou para si. Trata-se do saber que se tem agora sobre a vida e sobre os vidros que separam os seres do mundo exterior sem os proteger dele. É a dupla lição que um dramaturgo, Maeterlinck, que foi também para sua época um *maître à penser*, transmitiu a toda uma geração e resumiu numa

---

[4] Rainer Maria Rilke, *Les Cahiers de Malte Laurids Brigge*, trad. M. Betz, in *Oeuvres 1. Prose*, Paris, Seuil, 1966, p. 574. As referências serão todas fornecidas a partir dessa edição, mas adotei por vezes uma tradução diferente e consultei também a tradução de Claude David (Rilke, *Oeuvres en prose*, Paris, Gallimard, "Bibliothèque de la Pléiade", 1993). [Ed. bras.: *Os cadernos de Malte Laurids Brigge*, trad. Renato Zwick, Porto Alegre, L&PM, 2009.]

[5] *Ibid.*, p. 483.

curta peça para teatro de marionetes precisamente intitulada *Interior*, embora o diálogo se passe inteiramente do lado de fora. Ele se dá, de fato, entre personagens que observam pelas janelas uma família que não as vê. Essa família reunida em volta de uma lamparina ainda ignora o que os falantes do lado de fora sabem mas não se decidem a anunciar batendo à porta, do outro lado da casa: que uma das filhas da família se suicidou, e seu corpo acaba de ser retirado da água. Longe de qualquer transparência, as três janelas da casa parecem constituir uma fronteira entre duas impotências. Os que estão dentro são mantidos na ignorância pela segurança ilusória de suas portas fechadas e pela luz serena da lamparina em volta da qual estão reunidos. Mesmo as mocinhas que vão até a janela o fazem com olhos que não veem nada porque não procuram nada. Os que estão fora, em contrapartida, veem tudo sem ser vistos. Mas esse privilégio só faz retardar o momento em que terão de dizer o que sabem. É que o suicídio da moça, a tranquilidade ilusória da casa e o vão privilégio do saber deles são três efeitos de uma mesma causa: não há harmonia entre o dentro e o fora. Não há nem janelas transparentes que os coloquem em comunicação nem portas fechadas que os mantenham a distância um do outro. Não se sabe até onde a alma se expande ao redor dos humanos; tampouco se sabe até onde o mundo se expande em direção a eles, neles. A janela do drama, opaca por dentro, inutilmente transparente por fora, encarna essa fronteira incerta, tanto em sua natureza quanto em seu efeito.

E, no entanto, é preciso sempre voltar à janela. É a lição que Malte vê encarnada na atitude de um outro dramaturgo, Ibsen, imóvel em sua poltrona durante os últimos anos de sua vida. Rilke substitui a simples explicação fisiológica dessa imobilidade (os efeitos de um derrame cerebral) por outra, tirada da própria dramaturgia do dentro e do fora. De fato, Ibsen parecia ter encontrado a fórmula certa para uni-los no palco: fazer coincidir o infinitamente pequeno — "um sentimento que se elevava meio grau [...] a leve turvação introduzida numa gota de desejo e aquela ínfima variação de cor num átomo de confiança"[6] — com os fenômenos

---

[6] *Ibid.*, p. 601.

mais visíveis: um incêndio, um afogamento, uma queda do alto de uma torre, vistos das janelas de uma casa familiar, até chegar à avalanche no alto da montanha que conclui seu último drama.[7] Mas essa avalanche espetacular engole talvez, com os heróis de um drama, a própria fórmula para fazer dramas casando as ínfimas variações no interior das almas com os tumultos da natureza. O dramaturgo se vê então enviado de volta para trás da janela como ao lugar onde é preciso reaprender a ver para encontrar uma outra fórmula observando esses homens na rua que são eles próprios o fora. É assim que o jovem poeta se dirige ao dramaturgo mudo: "Querias ver os passantes. Pois havia te ocorrido o pensamento de que se poderia talvez um dia fazer algo deles caso se decidisse a começar".[8]

"Decidir-se a começar", a expressão não está aí por acaso. O pensamento atribuído ao dramaturgo imobilizado é também o que habita o espírito do jovem poeta, sitiado pelos barulhos da cidade e pelo estrépito dos bondes que passam pela janela aberta de seu quarto no quinto andar de um hotel miserável daquele Quartier Latin onde ele se hospeda, num ponto equidistante entre a maternidade onde começam as vidas pobres e o asilo onde terminam. É preciso que ele, uma pessoa qualquer, um rapaz perfeitamente insignificante, se decida a começar, pois é aparentemente o único a ter percebido que todos sempre tinham ficado obstinadamente na superfície da vida, procurando nos livros de história um passado que deviam decifrar em si mesmos e falando "das" mulheres ou "das" crianças sem compreender que essas palavras já não têm plural, mas apenas uma infinidade de singulares, e que mesmo um indivíduo só existe numa multiplicidade de rostos. Para que alguma coisa ocorra, é preciso que aquele que teve essa estranha ideia comece, que se sente em seu quinto andar e se ponha a escrever dia e noite.

---

[7] O incêndio é o do orfanato de *Espectros*; o afogamento, o do *Pequeno Eyolf*; a queda, a do arquiteto em *Solness, o construtor*. Quanto à avalanche, é ela que soterra as personagens de *Quando despertarmos de entre os mortos*.

[8] *Ibid.*, p. 602.

Mas escrever quer dizer manter a janela aberta. O problema não é apenas que Malte, como seu criador, não suporta o ar confinado dos quartos fechados. É que a escrita que quer atravessar essa superfície convencional que se costuma tomar pela vida exige renunciar ao mito da casa bem protegida que devia ter sido, que *teria sido* a casa do poeta. Esta é violentamente lançada pelo autor dos *Cadernos de Malte Laurids Brigge* no passado e no mito quando dá ao jovem poeta dinamarquês uma infância numa residência aristocrática, povoada de retratos de família, de camareiros e condessas semelhantes a esses retratos e de armários cheios de trajes e disfarces dos velhos tempos, a fim de melhor fixar aquele que deve escrever no presente de um quartinho por cuja janela o assaltam e o assediam os barulhos da cidade.

Aqui tampouco se trata simplesmente de uma restrição de espaço. Malte frequentemente está fora de casa, mas a cidade que percorre é ela própria construída como uma casa despedaçada. Atestam isso os encontros que pontuam seus passeios. No lugar da morada que incorporava e refletia a calma de uma história secular, há o célebre muro, único vestígio de um edifício derrubado, que provoca o pavor do passeante. Esse muro certamente está impregnado pela vida que o habitou. Mas essa vida, escrita nas paredes pela fuligem das tubulações de gás e pela ferrugem dos encanamentos de banheiro, exala apenas seu "bafo renitente", em que se demoram "o suor que brota das axilas [...] o hálito desagradável das bocas, o fedor gorduroso dos pés, o azedume das urinas, a fuligem que arde, os vapores cinzentos das batatas e a infecção das banhas rançosas [...] o cheiro adocicado e demorado das crianças de peito malcuidadas, a angústia das que vão à escola e o calor sufocante das camas dos garotos púberes".[9] No lugar das gavetas dos quartos secretos que conservavam os vestidos de tule das moças, o rapaz encontra o enigma dessa gaveta de mesa de cabeceira arrastada na rua por uma velha mendiga e exibindo como todo seu tesouro algumas agulhas de costura e botões enferrujados. E, no final, a morada ancestral protetora do poema só encontra como substituto esses pequenos antiquários ou lojas de vende-

---

[9] *Ibid.*, pp. 577-8.

dores de selos cujos proprietários leem despreocupados, sentados atrás daquelas vitrines saturadas de artigos que ninguém compra, e cujos fundos iluminados à noite convidam somente o poeta a um sonho de existência imóvel: "Comprar uma dessas vitrines atulhadas e me sentar ali atrás, com um cachorro, por vinte anos".[10]

Mas não se escreve nesses fundos de lojas oferecidos ao olhar do passante. O máximo que se faz aí é compor um quadro, ainda que o quadro de gênero holandês de Balzac e sua figura virginal se transformem com Rilke em pintura religiosa que celebra a consagração do pão e do vinho.[11] A escrita exige agora o confronto com janelas ao mesmo tempo mais opacas e mais abertas à ameaça do fora, janelas que simbolizam a própria incerteza da fronteira entre o dentro e o fora. Começar a escrever vai de par com um outro mandamento: aprender a ver. E ver supõe que se faça "algo com os passantes". É preciso para tanto se expor ao espetáculo do fora. Mas o problema não é exercitar o olhar pela atenção voltada para o múltiplo e para o diverso da rua. É essa a tentação simples demais oferecida pelo espetáculo popular emblemático que passa sob as janelas do poeta: uma mulher empurrando uma carrocinha de madeira, levando um realejo, um garoto que acompanha a música batendo o pé em seu cesto e uma menininha que dança e ergue bem alto seu tamborim na direção das janelas. Visto do alto, o espetáculo da vida pobre e industriosa só faz fomentar a distância habitual e a preguiça rotineira do olhar que sabe o que vê e a que gênero aquilo pertence. Aprender a ver é, ao contrário, aprender a subtrair o olhar a seu exercício habitual. E é preciso para tanto suprimir a distância, descer na rua e se perder nesse fora onde "tudo é sem limitação",[12] expor o olhar ao que não se deixa enquadrar, ao que o toca, o choca, o intriga e lhe causa horror. Tais são os espetáculos de rua que atravancam os percursos urbanos de

---

[10] *Ibid.*, p. 575; ver também a "Carta a Clara Rilke", 4 de outubro de 1907, in *Oeuvres 3, Correspondance*, *op. cit.*, p. 97.

[11] Cf. "La Cène", in *Nouveaux poèmes*, trad. J. Legrand, in *Oeuvres 2. Poésie*, Paris, Seuil, 1972, p. 256.

[12] Rainer Maria Rilke, *Les Cahiers de Malte Laurids Brigge*, *op. cit.*, p. 596.

Malte: o homem da dança de São Vito, que desce saltitando o bulevar Saint-Michel; o homem que dá pão aos pássaros e que está ali "como um candeeiro que acaba de queimar e ainda luz com o resto de sua mecha";[13] o vendedor cego de jornais do Jardim de Luxemburgo cuja boca se contrai "como a abertura de uma calha", cuja mão parece gasta pelo rebordo de alvenaria onde se apoia e cujo resto de voz "não é outra coisa senão um ruído numa lamparina ou numa salamandra, ou o gotejamento de uma grota, a intervalos regulares".[14] Para quem as deixa se aproximar, essas agressões do fora têm uma virtude bem precisa: ensinam a desaprender. Está aí a virtude do real: obrigar a parar de imaginar. Mas parar de imaginar não quer dizer parar de se perder em criações ilusórias. Se a imaginação impede ver não é, como sempre se diz, porque nela o espírito se extravia longe da realidade. É, ao contrário, porque ela confere de antemão a sua posse. Parar de imaginar é parar de possuir o esquema que já conhece o que se apresenta aos olhos, o esquema que precede e ordena todo encontro. Mas é também dizer adeus a essa capacidade nova que a poesia, com Baudelaire, tinha se arrogado: a de penetrar no corpo de qualquer passante e se tornar sua alma íntima. As deambulações de Malte nas ruas de Paris são o exato oposto, a exata refutação da santa embriaguez do poeta que goza de entrar em todas as personagens da multidão anônima.

É a lição exemplar dada pela velha da gaveta de mesa de cabeceira que se mantém obstinadamente na frente da vitrine que o rapaz, para não cruzar com seus olhos, finge olhar. Ela fica ali "fazendo deslizar um longo e velho lápis para fora de suas estragadas mãos fechadas".[15] Essa cena não foi inventada pelo criador de Malte. Ele a tinha visto quando de sua primeira estadia em Paris e tinha sentido angústia em presença desse ridículo lápis que parecia carregar todo o peso de um destino. Contudo, ele acabou por compreender o sentido inteiramente prosaico daquele gesto inquie-

---

[13] *Ibid.*, p. 599.

[14] *Ibid.*, p. 683.

[15] *Ibid.*, p. 673.

tante: a velha queria simplesmente lhe vender o lápis.[16] Mas ao atribuir a aventura a Malte, Rilke suprime seu desenlace e transforma o sentido mesmo do gesto e da angústia que este engendra: "Eu fingia olhar para a vitrine da qual não via nada. Mas ela sabia que eu a tinha visto, sabia que eu estava parado e que me perguntava o que ela estava fazendo. Pois eu entendia que não podia se tratar do lápis. Sentia que aquele era um signo para os iniciados, um signo que os excluídos conhecem. Adivinhava que ela queria me dizer para ir a algum lugar ou fazer alguma coisa".[17]

O sentido da transformação operada por Rilke é claro: a experiência que a velha mendiga propicia já não é mais a da miséria que pede ajuda. É a de um mundo onde nenhum gesto, mesmo quando se trata precisamente de uma cifra, de um signo, traz em si sua significação. Essa defecção do sentido sugere inicialmente a ideia de uma linguagem secreta dos excluídos. Mas aponta muito mais para uma defecção derradeira que é a do próprio universo sensível. Aponta para o momento em que se encontram perdidas todas as referências que permitiriam nele ocupar um lugar. É essa perda derradeira que exibe, na espelunca onde o poeta vai comer com os pobres, esse intruso que se sentou em sua mesa habitual e impôs ao olhar aterrorizado do poeta o espetáculo de uma vida em via de se retirar: "Mais um instante e tudo terá perdido seu sentido: essa mesa, essa xícara, essa cadeira a que ele se aferra, tudo o que é cotidiano e próximo terá se tornado ininteligível, estranho, pesado".[18] Essa perda de sentido e do sentido que significa para o velho a morte próxima é, no entanto, o que deve aproximar o rapaz da vida por vir, a vida que ainda não é conhecida mas o será talvez um dia para aquele que consente em se desprender das significações que lhe são caras. À mão da velha que faz deslizar entre os dedos esse absurdo lápis responderá então a mão do poe-

---

[16] Rainer Maria Rilke e Lou Andreas-Salomé, "Carta a Lou Andreas--Salomé", 18 de julho de 1903, in *Correspondance*, trad. P. Jaccottet, Paris, Gallimard, 1979, p. 63.

[17] Rainer Maria Rilke, *Les Cahiers de Malte Laurids Brigge*, *op. cit.*, p. 573.

[18] *Ibid.*, p. 580.

ta que se afasta dele mesmo e traça palavras com as quais ele não consentiu, palavras que vão se desatar e em que cada significação vai se desfazer para se precipitar em chuva.[19] A essa altura, o sonho da casa protetora será inteiramente revirado. A condição da escrita será a agressão de um fora que ensina a ver desfazendo todas as sínteses sensíveis constituídas. É isso, paradoxalmente, o que se pode fazer com os passantes: não observá-los da janela, mas descer entre eles, segui-los até o ponto em que eles não passam mais, em que se tornaram imóveis, em que seus olhos não veem mais, sua voz não é mais que o murmúrio de uma lamparina, seu corpo, um resto de vela que se consome, partilhar o "pouco tempo" que os separa de sua transformação em coisas inertes.

Essa partilha, foi sob a patronagem de um santo que outro escritor a deu a conhecer ao poeta: esse São Julião Hospitaleiro que Flaubert fez descer de seu vitral para contar sua história — a de um Édipo cristão que fugiu da casa paterna para não matar os pais, mas que, no entanto, os mata por engano, e que, para expiar esse crime, se tornará mendigo e partilhará seu leito com um leproso. O leproso a abraçar é a figura-mestra que conduz o desfile de mendigos e monstros que vai ao encontro do poeta nas ruas de Paris. É o termo de que ele se aproxima infinitamente sem que o encontro jamais se realize. Claro está que uma imagem é uma imagem, e nenhum leitor espera que o rapaz realmente abrace um leproso. Mas, neste caso, a imagem é ela própria a de uma realização derradeira que está fadada a permanecer irrealizada. O velho na espelunca não se defende mais, mas o jovem poeta "ainda se defende". Vê a morte no rosto do moribundo, mas o faz se precipitando para a porta; do mesmo modo, olha as mãos nas quais permaneceu em baixo-relevo a forma de um rosto, mas evita erguer os olhos para a cabeça esfolada. Pois, por mais decidido que esteja a atravessar a superfície para atingir a verdadeira vida ainda desconhecida, desconfia da possibilidade de ainda viver depois da metamorfose que engoliu todo o universo sensível familiar. Não renuncia à ideia de que acabará encontrando uma morada solitária e protetora, modelada pelo tempo e pelo uso, onde será possível

---

[19] *Ibid.*, p. 581.

se sentar calmamente, dando as costas à janela, para transcrever a experiência do passante que desaprendeu a mal ver acompanhando de perto todas as experiências do despossuir. É isso também o que quer dizer "ficar à janela": manter-se nesse compromisso entre duas exigências igualmente absolutas e inteiramente incompatíveis: a do dentro que protege a mão que escreve, e a do fora que ensina a ver subtraindo o olhar a toda e qualquer proteção.

O LIMIAR DA CIÊNCIA

O SEGREDO DA MERCADORIA

"A riqueza das sociedades nas quais reina o modo de produção capitalista se anuncia como uma 'imensa acumulação de mercadorias'. A análise da mercadoria, forma elementar dessa riqueza, será por conseguinte nosso ponto de partida."[1]

As duas primeiras frases do *Capital* indicam ao mesmo tempo a via que o autor pretende seguir e a conformidade dessa via à maneira geral de proceder da ciência: esta prescreve que se parta da designação empírica de uma realidade, mas que logo se tome distância dela a fim de submeter seus termos a questionamento. O cientista pergunta assim o que é, em sua essência, essa "mercadoria" que parece ser imposta à evidência sensível por sua própria acumulação. Mas essa simples passagem da falsa evidência empírica do múltiplo à formulação teórica de sua essência se revela ela própria enganadora. Prometer a análise de uma realidade múltipla normalmente equivale a prometer reduzi-la a seus elementos simples. Ora, acontece que, logo de saída, essa investigação se faz acompanhar de sua contradição. Lançar-se em busca da unidade simples chamada mercadoria é encontrar obstinadamente a dualidade: objeto útil e suporte de valor, valor de uso e valor de troca, trabalho concreto e trabalho abstrato, forma relativa e forma equivalente, valor do trabalho e valor da força de trabalho etc. Mas é também encontrar a duplicidade da mercadoria — que mente sobre sua simplicidade — e da troca de mercadorias — que mente sobre a simplicidade do dois que a constitui. É reconhecer a dissi-

---

[1] Karl Marx, *Le Capital*, trad. J. Roy revista pelo autor, Paris, Éditions Sociales, s/d, t. 1, p. 51 [ed. bras.: *O capital — Livros I a III*, trad. Rubens Enderle, São Paulo, Boitempo, 2011-2017].

mulação da mercadoria. Mas é reconhecer, ao mesmo tempo, que essa dissimulação não é a mentira que seria preciso desvendar, que ela é a maneira que a mercadoria tem de dizer a verdade sobre a dissimulação que a constitui. Sua aparência não é a ilusão a ser atravessada para descobrir a verdade, mas a fantasmagoria que testemunha a verdade de um processo metamórfico. A explicação da ciência é o desdobrar de um teatro de metamorfoses. É esse teatro que é preciso saber reconstituir a partir da simples coisidade de uma mercadoria ou da simples troca que dois indivíduos operam entre suas mercadorias. Por trás de uma cena de metamorfoses sempre há outra cena se desenrolando. A análise não é a redução do múltiplo ao simples, mas a descoberta da duplicidade escondida em toda simplicidade e do segredo dessa duplicidade, o qual se manifesta num outro teatro onde ele é ao mesmo tempo desvelado e recoberto novamente. O trabalho da ciência não é desencantar um mundo cujos ocupantes estariam perdidos em representações ilusórias. Ele deve, ao contrário, mostrar que o mundo tido por prosaico pelos espíritos sóbrios é na realidade um mundo encantado cuja feitiçaria constitutiva é preciso descobrir.

Daí vem que a demonstração seja, ao mesmo tempo, uma narrativa que mergulha no cerne de um segredo. Daí também o constante diferimento desse segredo que, no entanto, logo é divisado. De fato, umas poucas páginas bastam a Marx para desvelar o cerne de toda a questão. "Conhecemos agora a substância do valor: é o trabalho. Conhecemos a medida de sua grandeza: é a duração do trabalho."[2] A partir daí se poderia, ao que parece, chegar logo ao essencial: o que é dissimulado é o tempo. A troca das mercadorias é a maneira como se traduz, no capitalismo, a realidade impalpável da distribuição global do tempo de trabalho social, que é também, nesse sistema, a realidade do tempo roubado: não apenas do tempo de trabalho não pago, mas do tempo de vida subtraído às vítimas da exploração. Mas esse caminho direto é cuidadosamente crivado de barreiras que é preciso transpor para descobrir, a cada vez, que a tarefa da revelação impõe o mais longo desvio, que cada uma das operações em que as mercadorias

---

[2] *Ibid.*, t. 1, p. 56.

se engajam é na realidade a resolução de uma contradição, que uma mercadoria só pode ser trocada por outra se cada uma delas ocupar um lugar oposto ao da outra, incompatível com o da outra. É para isso que serve a singular dramaturgia do encontro entre o tecido e o casaco a partir do qual se desenvolve a análise da mercadoria: "Tomemos duas mercadorias, por exemplo, um casaco e dez metros de tecido; admitamos que a primeira tenha o dobro do valor da segunda, de maneira que se 10 metros de tecido = x, o casaco = 2 x".[3] Qual é exatamente o estatuto desse *exemplo*? Por certo, não se trata de uma situação qualquer tomada à realidade empírica das trocas. Se é para mostrar a realidade capitalista da circulação das mercadorias, esse vendedor de tecido que vem ao mercado trocar sua mercadoria por meio casaco está claramente fazendo o papel errado. É preciso então compreender que esse ponto de partida propõe na verdade um modelo completamente abstrato da troca. Mas, nesse caso, por que perder tempo com essas peças de tecido? Por que não utilizar simplesmente símbolos matemáticos? É preciso, pois, concluir que esse casaco e esse tecido não são nem exemplos empíricos nem abstrações vestidas por comodidade. São as personagens de uma cena. E não é nem por coquetismo de autor nem por intenção de uma pedagogia divertida que Marx lhes atribui uma linguagem, um olhar, um sentimento, raciocínios e amores. Se falam e usam, ocasionalmente, sofismas, se procuram a alma gêmea e desejam entrar no corpo do outro, é por duas razões: de um lado, porque assim fazem algo que *não podem* fazer e que ao tentar em vão fazer confessam não ser nem verdadeiras coisas nem verdadeiras pessoas, mas seres fantásticos cujo segredo de fabricação é preciso descobrir. Mas é também para ocupar a cena no lugar de coisas que seriam verdadeiras coisas e de pessoas que seriam verdadeiras pessoas.

Pois o que está em jogo na análise não é simplesmente mostrar, por trás das pretensas leis eternas da economia, a realidade histórica do modo capitalista de produção das mercadorias. É também, e talvez até mais, impedir uma certa forma de crítica da economia e uma certa resolução de suas contradições. Há, de fato,

---

[3] *Ibid.*, p. 57.

uma maneira aparentemente mais simples de expulsar ao mesmo tempo a fantasmagoria das trocas mercantis e a relação de exploração que ela exprime, uma maneira que suprime ao mesmo tempo as mediações da dialética e os intermediários da propriedade. Não é preciso ver uma contradição no fato de a mercadoria ser ao mesmo tempo um objeto que satisfaz uma necessidade e a incorporação de um tempo de trabalho social médio. Pode-se ver aí simplesmente uma complementaridade a ser regulada harmoniosamente. Os homens trocam objetos de que precisam. Eles também precisam que o tempo de trabalho que consagram a produzir objetos úteis aos outros lhes seja remunerado de uma tal maneira que lhes permita adquirir os objetos que serão úteis a eles mesmos. A condição dessa troca igual é suprimir o parasita que vem minorar a remuneração do trabalho e majorar o preço de seu produto, a saber, o roubo praticado sobre o trabalho pela propriedade. Basta que os produtores da riqueza reconheçam que não há em seus produtos nem mistério nem malefício, mas simplesmente um equilíbrio a realizar e que pode ser realizado se eles se entenderem entre si quanto à troca de seus produtos, se transformarem a troca de mercadorias em ouro pela troca de serviços entre produtores. Eis aí, em suma, a maneira mais simples de ter o mundo reificado das mercadorias devolvido aos sujeitos humanos que nele haviam alienado seus poderes.

A narrativa marxista dos encantamentos da mercadoria é construída em primeiro lugar para demonstrar a impossibilidade desse final feliz da maldição capitalista: aquela república dos livres produtores sonhada pelos militantes das associações operárias, cuja teoria foi formulada por Proudhon. A análise das contradições e dos sofismas do ser sensível-suprassensível chamado mercadoria é uma máquina de guerra dirigida menos contra a ciência econômica do capitalismo do que contra essa liquidação prosaica da exploração capitalista. Ela é feita em primeiro lugar para dizer: não há troca direta de serviços e de produtos que possa substituir a troca desigual das mercadorias. A partir do momento em que a distribuição global do trabalho social assumiu a figura de uma troca de produtos, esses produtos só podem ser mercadorias. E os produtores "independentes" só trocam livremente seus produtos na medida em que são dependentes do sistema de dependência global encarnado nesses produtos. O livre acordo entre produtores só pode ser uma sublimação da troca real da mercadoria "força de trabalho" pela mercadoria "ouro" que nada mais é do que forma sob a qual o trabalho morto suga o tempo e o sangue do trabalho vivo. Na era da globalização das forças produtivas, a reconquista pelos produtores de seu poder coletivo já não pode assumir a forma da troca dos produtos e dos serviços. Esse além da exploração capitalista seria um retorno aquém de seu nascimento.

Mas esse juízo não é o simples veredicto pronunciado pela ciência da história que demonstra que a estagnação é impossível e as voltas atrás ilusórias. É também a decisão que funda uma certa ideia da ciência e da história de que ela é ciência. O que essa ideia exclui não é simplesmente o anacronismo, mas a história ruim, aquela que liquida a preço baixo os encantamentos da metamorfose para evitar ter de passar pelo fogo da contradição. Ela não escolhe a ciência contra as histórias; escolhe uma história contra a outra, uma história trágica contra uma história cômica. O próprio de uma verdadeira história trágica, sabe-se desde Aristóteles, é a exata coincidência entre a produção de um saber (o reconhecimento) e a reviravolta de uma situação (a peripécia). Essa reviravolta não é simplesmente a desgraça que acontece ao homem feliz, mas a desgraça que nasce de sua própria felicidade, o efeito que nasce de uma causa que parecia dever produzir o efeito inverso. A tragédia ruim, em contrapartida, substitui a reviravolta por uma remuneração "equitativa" que recompensa os bons e pune os maus. Ora, esse acerto equitativo desloca a tragédia em direção à comédia, onde a inversão das situações se transforma simplesmente em reconciliação das personagens: "Nesta, de fato, as personagens que ao longo da história são as piores inimigas, como Orestes e Egisto, partem após terem finalmente se tornado amigas, e ninguém é morto por ninguém".[4]

A supressão proudhoniana dos parasitas em benefício do entendimento direto dos produtores é uma comédia desse tipo. É o apagamento da contradição produtora em benefício de uma recon-

---

[4] *Poética*, 1453a, 36-39.

ciliação que remunera cada um de acordo com suas obras. Essa conciliação, esse devir amigo dos inimigos, é o que Marx pretende excluir. E para excluí-la do desenlace, é preciso excluí-la da própria construção da situação. É preciso tornar impossível logo de saída que as personagens inimigas virem amigas. Ora, é precisamente essa exclusão que é garantida pela dramaturgia inicial do cara a cara entre o tecido e o casaco. Nessa dramaturgia, a "inimizade" é posta logo de saída, e é posta não como acidental, mas como estrutural. A maneira como cada uma das personagens se relaciona com a outra nunca é senão a maneira como se exprime sua "inimizade" ou sua contradição interna. Ser ao mesmo tempo um objeto útil e uma expressão abstrata de valor, essa dualidade deve ser uma contradição interna à própria peça de tecido — ao mesmo tempo que invisível nos fios de que é tecida. Essa contradição só pode se revelar efetivando-se numa operação de troca em que o valor de cada mercadoria se distribui em duas formas que são "extremos opostos exclusivos um do outro".[5] O que equivale a dizer que ela só pode revelar essa inimizade à ciência dissimulando-a ao olhar nesta pura harmonia das almas gêmeas que a análise deve desfazer antes que o confronto da mercadoria com o equivalente geral do ouro revele o "salto perigoso" no coração de toda simples troca e a possibilidade permanente de que o amor da mercadoria pelo dinheiro não seja pago de volta.[6]

Esse processo de revelação e de recobrimento da contradição é formulado somente "na linguagem das mercadorias", em sua linguagem enigmática que só diz a verdade dissimulando-a. É nisso também que a fantasmagoria das mercadorias exclui a comédia dos amigos. Se as personagens não podem virar amigas no final é pela simples e suficiente razão de que elas não são personagens. Não são os produtores ou os trocadores de mercadorias que falam e agem nessa dramaturgia. São as próprias mercadorias. E elas o fazem, é claro, à sua maneira, que é a de seres "sensíveis suprassensíveis". O ser sensível suprassensível é um ser cujo modo de

---

[5] *Le Capital*, t. 1, p. 63.

[6] *Ibid.*, pp. 114-6.

manifestação revela que sua forma é o produto de uma metamorfose, que ela resulta de um processo que se opera em outro palco. Seu modo de ser é o de um híbrido: um fantasma ao qual pensamento, voz, olhar, sentimento ou ação só são atribuídos para melhor demonstrar que seu palco de efetividade não é o de personagens reais; um autômato cujos movimentos indicam que a energia que os anima vem de outro lugar, de uma "relação social" que, justamente, não é a que estabelecem entre si o vendedor e o comprador de uma mercadoria: uma relação social que é o automatismo de um sistema global de dependência, em que a "inimizade" sempre revela uma inimizade mais fundamental, em que a revelação sempre remete a um segredo mais profundo e em que o próprio reconhecimento do segredo do autômato não basta para inverter seu efeito.

Pois essa história de segredo revelado é ela própria dupla: a ciência trabalha para desembaralhar o enigma em que ela transformou a fórmula aparentemente evidente da troca entre mercadorias. Mas esse trabalho de revelação se opera também de outra maneira no próprio coração da realidade empírica. A mudança de terreno teórico que a ciência reivindica para dissipar as aparências enganadoras que se oferecem ao primeiro olhar se faz acompanhar de outro deslocamento: um deslocamento em direção a um lugar empírico onde a verdade disfarçada nessas aparências se oferece, também ela, "ao primeiro olhar". É esse desdobramento que ilustra exemplarmente a advertência solenemente feita ao leitor no momento de deixar os trocadores de tecidos e casacos para ir ver o que se passa ali onde o capital pretende comprar a seu preço a mercadoria que ele chama trabalho: "Vamos, portanto, junto com o possuidor de dinheiro e o possuidor de força de trabalho, deixar essa esfera barulhenta onde tudo se passa na superfície e à vista de todos, para seguir ambos no laboratório secreto da produção, na entrada do qual está escrito: *No admittance except on business*. Ali veremos não apenas como o capital produz, mas também como ele próprio é produzido. A produção da mais-valia, esse grande segredo da sociedade moderna, vai enfim se desvelar".[7]

[7] *Ibid.*, p. 178.

Essa passagem do lugar barulhento das aparências ao laboratório secreto oferece uma narrativa um pouco enganosa do deslocamento da ciência. Pois não era a "superfície barulhenta" das trocas que ocupava as páginas precedentes. Era uma dramaturgia que transformava essa calma superfície num conto fantástico de fantasmas e de autômatos, e antecipava assim a viagem ao coração do processo das metamorfoses: a existência de uma mercadoria dotada do poder miraculoso de criar valor — a força de trabalho humana — e de um laboratório consagrado à exploração forçada desse poder miraculoso. Mas tanto a localização desse laboratório como a qualificação de seu segredo dão margem a equívocos. Por um lado, esse laboratório não é um laboratório. O termo é uma metáfora para indicar o lugar da ciência, o trabalho da análise que vai dar a fórmula do segredo: a fórmula da apropriação do sobretrabalho que, justamente, não está gravada em nenhum lugar onde bastaria ir procurá-la. Mas, por outro lado, esse laboratório designa o lugar de um experimento real: um experimento massivo que o Capital exerce sobre os corpos dos homens, mulheres e crianças para produzir esse sobretrabalho. Ora, podemos ver esse experimento em ação assim que deixamos os escritórios e as bibliotecas dos estudiosos e olhamos para o que se pratica em todos os lugares da produção. Na paisagem dos bairros operários é possível ver diretamente materializadas essas contradições que, em outros lugares, exigem a análise para ser reconhecidas: "Para apreender a íntima ligação entre a fome que tortura as camadas mais trabalhadoras da sociedade e a acumulação capitalista, com seu corolário, o superconsumo grosseiro ou refinado dos ricos, é preciso conhecer as leis econômicas. A coisa é bem diferente quando se trata das condições habitacionais. Qualquer observador imparcial vê perfeitamente que, quanto mais os meios de produção se concentram numa grande escala, mais os trabalhadores se aglomeram num espaço exíguo; que, quanto mais rápida a acumulação do capital, mais miseráveis se tornam as moradias operárias".[8] Quando se atravessam as portas das fábricas, pode-se constatar que essa lei de proporção inversa, visível já no território, é o produto de um

---

[8] *Ibid.*, t. 3, pp. 99-100.

experimento em grande escala sobre os corpos trabalhadores, uma operação que nunca se apresenta como tal mas cujos atos estão sempre visíveis sem a menor dissimulação e por toda parte declarados na prática por aqueles que a ignoram em palavras.

O mundo prosaico das fábricas é em si mesmo um vasto laboratório onde especialistas em extração de trabalho não pago operam em grande escala *in corpore vili*. Nesse laboratório, trata-se de extrair o máximo de sobretrabalho que os corpos podem produzir e, para tanto, de ter permanentemente à disposição o maior número desses corpos trabalhadores que têm a propriedade de produzir mais valor do que custam sua produção e sua manutenção: corpos que estejam ali o tempo todo à mão, embora só sejam empregados e pagos pelo tempo em que servem; corpos de adultos do sexo masculino se o trabalho exigir força ou qualificação particulares; corpos de mulheres e de crianças, mais baratos, se o trabalho for mais fácil e exigir apenas que se esteja presente o maior tempo possível fazendo os gestos necessários e suficientes. Trata-se para tanto de reduzir ao mínimo necessário o tempo em que o trabalhador simplesmente reproduz o valor de sua força de trabalho e de estender ao máximo o tempo em que ele produz um valor novo. Por não poderem, como os boiardos valáquios, transformar estatutariamente doze dias de corveia em cinquenta e seis, é preciso precipitar na prática as escansões e as pausas do tempo dos humanos, reduzir o tempo das refeições e do sono, embaralhar, com o sistema de revezamento, a própria diferença entre dia e noite, tornar inverificáveis o número e a idade das crianças empregadas e o tempo em que o são. É preciso, ao mesmo tempo, tornar imprecisos os próprios limites entre infância e idade adulta. Em cada uma dessas operações transparece o coração do sistema: o roubo operado a cada dia não simplesmente sobre o valor produzido, mas sobre o tempo de vida que o produz. Um tempo de vida reduzido dia a dia à sobrevivência, e no qual essa sobrevivência se reduz ela própria pelo desgaste das forças, o ar rarefeito e tornado irrespirável pelo calor da fábrica, a exiguidade e o superpovoamento das oficinas e dos dormitórios, e todas as doenças que daí resultam e são o troco de uma doença fundamental na qual se resume a lei do sistema vampiresco, essa lei de proporção inversa cuja fórmula simples é preciso descobrir por trás das equações da troca: longas horas que tornam a vida curta.

Esse grande segredo do laboratório se escreve, no fim das contas, duas vezes: uma vez nas operações da ciência que desconstrói as evidências sensíveis para chegar à fórmula da desigualdade escondida nas equações da troca; outra vez diretamente nos corpos cujo tempo de vida é sugado no laboratório do vampiro. Acontece de a inscrição da lei de proporção inversa sobre os corpos se impor, nuamente, à atenção da opinião pública. Foi assim que a imprensa se comoveu com o caso de Mary-Anne Walkley, morta aos vinte anos em junho de 1863 por ter trabalhado 26 horas consecutivas — a temporada exigia — confeccionando para uma senhora "com o agradável nome de Elise" os trajes destinados ao baile promovido pela Corte em honra à nova princesa de Gales. Mas ela se exibe sem máscaras nos relatórios desses médicos e inspetores de fábricas, devidamente comissionados pelos respeitáveis membros do Parlamento. Estes recolhem fielmente os testemunhos das crianças de nove anos que dormem no chão de uma fundição e começam sua jornada de trabalho às três horas da manhã.[9] Eles veem com seus próprios olhos esses compartimentos de quatro metros quadrados onde de quinze a vinte crianças "empilhadas como sardinhas" trabalham quinze horas por dia com uma tal atenção e uma tal celeridade que não lhes permitem sequer erguer por um instante os olhos para responder às perguntas dos inspetores.[10] Eles calculam a cubagem de ar de que dispõem as mulheres e as crianças das fábricas e a comparam aos valores que a ciência médica julga necessários. Constatam que a máquina de roubar tempo não pode parar e que se uma das crianças previstas para um revezamento não aparecer é preciso que uma das que já terminou sua jornada a prolongue para substituí-la. Observam que os patrões não fazem mistério disso e que acabam sempre por confessar o grande segredo da sobre-exploração do tempo de vida. Alguns o fazem com certo constrangimento: "Não poderíamos seguir adian-

[9] *Ibid.*, t. 1, p. 254.

[10] *Ibid.*, t. 2, p. 147.

te sem o trabalho noturno de rapazes com menos de dezoito anos. Nossa grande objeção seria o aumento dos custos de produção... É difícil dispor de contramestres hábeis e de 'braços' inteligentes; mas jovens é possível conseguir tantos quantos se queira".[11] Outros resumem suas "pequenas falcatruas" numa fórmula límpida e franca: "Se me permitirem, dizia-me um respeitável fabricante, fazer meus operários trabalharem dez minutos a mais que o tempo legal a cada dia, vão colocar mil libras esterlinas em meu bolso a cada ano. *Os átomos do tempo são os elementos do lucro*".[12] Essas "confissões", tiradas dos relatórios dos inspetores, acompanham cada momento da análise do processo de produção: jornada de trabalho simples, produtora da mais-valia absoluta; jornada de trabalho intensificada, produtora da mais-valia relativa; processo de acumulação do Capital que produz uma classe trabalhadora cada vez mais excedente, cada vez mais empilhada em alojamentos pequenos demais. Elas conduzem até a revelação do segredo do segredo: essa acumulação primitiva, que expropriou os trabalhadores pela violência, separou deles seus meios de vida e os obrigou, à força de leis sanguinárias, a colocarem seus corpos à disposição do monstro sugador do sangue assim produzido. Essa história não está apenas documentada em manuscritos que a descrevem em detalhe. Está "escrita nos anais da humanidade em letras de fogo e de sangue indeléveis".[13]

A ciência tem dificuldade em decifrar o segredo da mais-valia. O roubo do tempo e a destruição das vidas estão por toda parte escritos nos corpos. Essa tensão entre o oculto e o patente confere ao Primeiro Livro do *Capital* — o único que Marx publicou, o único a que deu a forma acabada de um livro — sua estrutura narrativa singular. Essa singularidade está na conjunção de dois movimentos em sentido inverso. A complicação crescente da análise que busca dar conta do desenvolvimento da produção capitalista é acompanhada, de fato, por um contramovimento que não cessa,

---

[11] *Ibid.*, p. 255.

[12] *Ibid.*, p. 238.

[13] *Ibid.*, t. 3, p. 155.

pelo contrário, de reconduzir a complexidade do processo à simplicidade de um procedimento de extorsão nua e crua e faz coincidir o fim do livro com o ponto de partida do processo, os atos de violência nua da acumulação primitiva que permitiram a instauração desse processo complexo cujo mistério a ciência acaba de esclarecer: a apropriação dos bens comunais, a expropriação violenta dos camponeses, as leis contra os vagabundos, os tráficos de corpos vendidos e os sofrimentos de corpos supliciados que criaram e puseram em relação as personagens da cena capitalista — a riqueza acumulada a se fazer frutificar e a força de trabalho obrigada a se vender.

É esse contramovimento que dão a ver os exemplos que acompanham cada momento do processo e parecem às vezes estar sobrando. Era realmente necessário acumular tantos exemplos para ilustrar a demonstração da mais-valia? Acrescentar ao testemunho do pequeno oleiro William Wood o do pequeno J. Murray e o do jovem Fernyhoug, que não aportam nenhum elemento novo à análise?[14] Acrescentar ao exemplo das olarias o das fábricas de fósforos e das fábricas de tapeçarias, que apresentam um processo idêntico, para então completar o quadro com uma enumeração dos ingredientes — suor humano, teias de aranha, baratas, fermento podre e outros — que entram na composição do pão vendido aos pobres? Era mesmo preciso, para refutar Malthus e estabelecer a tese da superpopulação relativa, fazer-nos visitar, na esteira do doutor Hunter, a casa Richardson em Wrestlingworth (Bedfordshire) com suas paredes de argamassa arqueadas e infladas como uma anágua fazendo uma reverência e sua chaminé de barro e madeira, curva como uma tromba de elefante e apoiada numa escora,[15] a casa de H. em Reenham (Berkshire) com seu quarto de dormir sem janela nem lareira nem porta, onde um pai e um filho dormem na cama do quarto enquanto as moças, ambas mães, dormem no corredor, depois o quarto de dormir de uma casa de Tinker's End (Buckinghamshire) onde dez pessoas moram num cômodo de três me-

---

[14] *Ibid.*, t. 1, p. 240.

[15] *Ibid.*, t. 3, p. 126.

tros e meio de comprimento por 2,75 m de largura e 1,70 m de altura, e ainda um número significativo de casebres visitados pelo mesmo médico em doze condados?

Para explicar essa acumulação de exemplos, Marx apresentou duas razões. A mais simples invoca os furúnculos que o impediam de avançar na "parte propriamente teórica" do livro. Mas seu livro não era um trabalho pago por linha. Nada o obrigava, portanto, a compensar, alongando a parte "histórica", esse atraso no desenvolvimento teórico. Ele acrescenta, então, uma segunda explicação: essas "inserções" constituem um "complemento" que atualiza o livro publicado por Engels em 1845 sobre "a situação das classes trabalhadoras na Inglaterra".[16] Mas o argumento também é frágil, já que esse complemento é destinado sobretudo a mostrar que nada mudou em vinte anos. Quando Engels, vinte e cinco anos depois, publica novamente seu livro, ele tenderá, pelo contrário, a mostrar que as coisas mudaram, pois os capitalistas já não precisam dessas "pequenas falcatruas" que Marx detalhava na esteira dele.[17] É, pois, seu próprio livro que Marx completa. Mas esse complemento é algo bem diferente de um acréscimo. Esses "exemplos", que parecem simplesmente se somar uns aos outros para corroborar a narrativa rigorosa da ciência, compõem, na verdade, uma segunda narrativa, cuja desordem obedece a outro rigor. Não se trata simplesmente de refutar os sofismas dos cientistas pela brutalidade dos fatos visíveis depois de ter refutado as falsas evidências do visível pelas análises da ciência. Os desenvolvimentos teóricos e a acumulação dos exemplos estão ambos subordinados a um trabalho narrativo. Este transformou os primeiros em conto fantástico, e faz da segunda uma descida épica aos infernos. A troca evidente foi transformada em história de fantasmas para manifestar a contradição oculta do discurso econômico. Inversamente, a contradição bem escondida deve ser mostrada em

---

[16] "Carta de Marx a Engels", 10 de fevereiro de 1866, in *Lettres sur "Le Capital"*, trad. Badia e Chabbert, Paris, Éditions Sociales, 1964, p. 150.

[17] Friedrich Engels, *La Situation des classes laborieuses en Anglaterre*, trad. Bracke, Costes, 1933, pp. xv-xix [ed. bras.: *A situação da classe trabalhadora na Inglaterra*, trad. B. A. Schumann, São Paulo, Boitempo, 2008].

toda parte como exposta, em toda parte declarada como o trabalho do vampiro, trabalho morto que, à vista de todos, se nutre diariamente e sem tréguas do trabalho vivo. Mas, além disso, essas duas demonstrações devem ser feitas junto, mesmo que andem em sentido inverso. À medida que a contradição se desenvolve e se complexifica na narrativa da ciência, a contra-narrativa se dirige à história de fogo e de sangue que é seu motor primeiro, o motor que, ele, não tem a ver com nenhuma ciência.

É que a ciência e a história jogam juntas uma partida complicada. A ciência desvela a contradição no coração das fórmulas da economia política. E o desenvolvimento da contradição deve mostrar que suas leis supostamente eternas são as de um modo de produção histórico determinado. Mas como pensar as leis desse modo? Como pensar sua historicidade, isto é, a destruição do mundo cuja constante reprodução essas leis determinam? Mostrar que a lógica do sistema é animada pela contradição não basta para essa tarefa. A ordem do mundo é feita da harmonia dos contrários. É feita, já dizia Empédocles, da própria tensão entre o amor e o ódio. E o cientista Marx concorda com isso. É claro que a troca das mercadorias só pode se efetuar preenchendo condições contraditórias. Mas também é uma contradição "que um corpo caia constantemente sobre outro e, entretanto, fuja dele constantemente. A elipse é uma das formas de movimento por meio das quais essa contradição se realiza e se resolve ao mesmo tempo".[18] Pode-se então pensar o movimento da sociedade capitalista a partir do modelo do movimento dos corpos celestes: "Assim como os corpos celestes, uma vez lançados em suas órbitas, descrevem-nas por um tempo indefinido, assim também a produção social, uma vez lançada nesse movimento alternativo de expansão e de contração, repete-o por uma necessidade mecânica. Os efeitos acabam por se tornar causas, e peripécias, inicialmente irregulares, e em aparência acidentais, assumem cada vez mais a forma de uma periodicidade normal".[19] A sequência do raciocínio tenta problematizar essa pe-

---

[18] *Le Capital*, t. 3, p. 113.

[19] *Ibid.*, p. 77.

riodicidade normal e afirmar, de encontro a ela, a possibilidade e mesmo a necessidade de um encurtamento dos ciclos e de uma agravação das crises. Mas o fundo do problema permanece: a lógica normal da ciência é duplamente oposta à das boas tragédias: as forças inimigas aí se tornam amigas e as causas aí produzem efeitos que, por sua vez, se tornam causas que produzem os mesmos efeitos. Os amigos que se tornam inimigos e as causas cujos efeitos se invertem, cabe a uma outra dramaturgia, chamada história, cuidar deles.

Mas essa dramaturgia está marcada ela própria por exigências contraditórias. De um lado, a história é o processo cujo mecanismo deve ser mostrado por trás das pretensas leis naturais da economia. Esse mecanismo complexo tem, ele próprio, um motor primeiro. A regularidade do movimento das mercadorias tem como causa primeira a violência nua da acumulação primitiva que forneceu à ciência seu objeto, nele deixando a marca de sua origem, a marca do fogo e do sangue. Mas essa forma de historicização, que evidencia a contingência que se encontra na origem da necessidade e a "inimizade" que se encontra no coração da ciência, não promete por si mesma nenhuma boa resolução da contradição, nenhuma interrupção do movimento regular das contradições econômicas. À contingência que recusa a pretensa necessidade natural não se pode pedir que funde ela própria uma outra necessidade. A acumulação primitiva se parece com essas tragédias shakespearianas em que o assassinato que cria reinados não engendra outro encadeamento senão o de novos assassinatos. Para sair desse simples conto de som e fúria, a história que se opunha à necessidade da "natureza" deve retomar essa necessidade por conta própria. Para esse movimento do capital que obedece ao modelo da revolução dos corpos celestes é preciso encontrar um outro primeiro motor além da pura contingência de uma história de assassinato e roubo. Ora, a solução do problema existe. Pode-se assentar esse movimento no solo de uma outra ciência, aquela história natural em movimento cujo modelo Cuvier forneceu em sua história das revoluções do globo terrestre. Basta para tanto casar o modelo geológico das sublevações da crosta terrestre ao modelo dialético da negação da negação. A esse preço, a violência nua do primeiro motor pode ser transformada em parteira estatutária da história, e o drama shakespeariano se tornar o episódio de uma ciência natural da história.

Ao capítulo que nos mostrava como a regularidade do movimento dos capitais veio ao mundo "suando sangue e lama por todos os poros",[20] sucede então brutalmente, como caída de um outro planeta de pensamento, uma outra história da gênese do Capital que faz dele uma realização histórica da razão dialética eterna sob a forma de sublevação geológica. O regime dos pequenos produtores independentes possuidores de seus meios de produção não podia, explica Marx, eternizar-se sem "decretar a mediocridade em tudo".[21] É por isso que, "chegado a um certo grau, ele próprio engendra os agentes materiais de sua dissolução. A partir desse momento, forças e paixões que ele comprime começam a se agitar no seio da sociedade. Ele deve ser, ele é aniquilado".[22] Bizarramente, os capítulos anteriores não nos diziam nada dessas forças e dessas paixões comprimidas, e o final do mesmo capítulo ainda descreverá o nascimento do capitalismo como a simples "expropriação da massa por alguns usurpadores".[23] Mas essa "compressão" caída do céu é necessária para permitir à "negação da negação" se identificar com um processo geológico tão inevitável quanto as revoluções do globo terrestre e garantir que "a produção capitalista engendra ela mesma sua própria negação com a fatalidade que preside às metamorfoses da natureza".[24] O livro pode então se concluir fechando a brecha que determinava o próprio movimento de sua dramaturgia e deixando a seus leitores o cuidado de saber como utilizar sua ciência para escrever na superfície da Terra uma história nova.

---

[20] *Ibid.*, p. 202.

[21] *Ibid.*, pp. 203-4.

[22] *Ibid.*, p. 204.

[23] *Ibid.*, p. 205.

[24] *Idem.*

AS AVENTURAS DA CAUSALIDADE

A crer no que dizem os eruditos, o romance policial nasceu em abril de 1841. De fato, foi nesse mês que Edgar Allan Poe publicou numa revista nova-iorquina "The Murders in the Rue Morgue". Mas falta pensar o sentido desse nascimento. A ciência histórica e sociológica por vezes vê nele a resposta a uma preocupação da época com o crime e com a situação que este evidencia: a periculosidade dos espaços urbanos de ruas tortuosas e mal iluminadas onde as redes do crime se dissimulam com facilidade em meio ao afluxo das populações novas e miseráveis vindas do campo ou do exterior. Na tradição literária moderna, entretanto, é outra coisa que a invenção do gênero policial marca: um modelo de racionalidade da ficção oposto à dissolução realista ou psicológica das intrigas romanescas. Ao menos é assim que Borges a saúda no célebre prefácio de *A invenção de Morel*.

Um fato pode ser facilmente verificado: ainda que a imaginária rua Morgue, estreita travessa situada por Poe num bairro popular e populoso da velha Paris, possa corresponder à visão do crime naturalmente engendrado pelo fértil terreno urbano, o enigmático assassinato cujo relato o narrador e seu amigo Dupin teriam lido na edição noturna da *Gazette des Tribunaux* em nada se assemelha aos crimes que ocupam diariamente essa gazeta e às imagens da criminalidade que a época associava a eles. Para constatar isso, basta ler as crônicas do crime que o jornal desfiava dia após dia e os relatos sobre processos levados a júri popular no mesmo ano de 1841. Tirando as emboscadas armadas na saída de cafés populares para clientes que imprudentemente exibiram demais suas riquezas, esses casos obedecem a um modelo dominante que é o das brigas de família: desentendimento entre esposos ou entre pais e filhos, adultérios de mulheres cansadas de maridos violentos e que conspiram contra eles com seus amantes, ou com suas filhas e genros, discórdias entre gerações ou entre pais e sogros por questões de herança... O resultado é que se descobre um dia, no mato ou na beira do rio, o corpo, eventualmente desmembrado e desfigurado, de um homem que, segundo seus próximos, tinha saído alguns dias para negócios ou desaparecido sem avisar. A pista que leva ao culpado geralmente é fácil de seguir: os vizinhos já tinham assistido a brigas e ouvido ameaças serem feitas; alguns deles estranharam o sumiço repentino e começaram a tagarelar; um ou uma cúmplice deixou escapar palavras infelizes e, assim que a investigação começou, cada um dos suspeitos tentou se safar denunciando os outros. O assassinato é, em suma, o último ato de uma história de violência já manifesta. Essa história se passa em família e encontra seu desfecho entre vizinhos. É uma questão de proximidade cujas causas nunca precisam ser procuradas muito longe. Sendo assim, a sagacidade dos policiais não é lá muito solicitada para lançar luz sobre o crime e identificar seu autor. A única ciência que intervém no caso é a dos médicos, cujos minuciosos relatórios de autópsia permitem aproximar ainda mais o efeito de sua causa, estabelecendo a data provável do assassinato, a natureza dos ferimentos e o instrumento usado para o golpe fatal.

A cena que nos apresenta o duplo assassinato imaginado pelo poeta de Baltimore é completamente diferente. O assassinato assume aí a figura do enigma cuja solução deverá ser buscada bem longe de qualquer história de família ou de vizinhança. O crime ocorreu num edifício bem resguardado e num cômodo cuja porta e cujas janelas foram encontradas trancadas por dentro. A racionalidade da investigação policial ficcional se associa assim logo de saída a uma certa ideia do local do crime: um lugar onde é impossível entrar e de onde é impossível sair. Continuará sendo assim na época em que o repórter Rouletabille tentará elucidar o mistério do quarto amarelo. O crime que o novo gênero se coloca como objeto é um crime impensável em sua execução. E o é também em sua motivação. Ninguém sabe de brigas de família da mãe e da filha. Aliás, elas parecem não ter família. E a bagunça do lugar, que costuma colocar a polícia na pista daqueles que procuravam dinheiro, joias ou documentos, só serve aqui para aumentar o enigma, já que um dos elementos da bagunça é a presença no chão de dois sacos contendo quatro mil francos em ouro que o assassino desdenhou levar consigo. Não é nem o interesse nem o ódio que motivam o assassinato e a brutalidade de sua execução. Para dizer a verdade, nada os motiva. E aí está, como se sabe, a consideração que fundamenta a hipótese — que se revelará exata — de Dupin: esse assassinato, cuja execução pressupõe uma agilidade e uma brutalidade sobre-humanas e cuja concepção não corresponde a nenhum sentimento ou interesse humanos, não foi cometido por um ser humano. É o que confirma *a contrario* o único elemento de identificação fornecido pelas testemunhas: cada uma delas, o italiano, o espanhol, o holandês, o inglês ou os franceses, reconheceu uma voz estrangeira. O que equivale a dizer que nenhum identificou uma voz humana. A conclusão surge naturalmente daí, ainda que seja preciso, para confirmá-la, a artimanha de um pequeno anúncio falso: o duplo crime foi cometido por um orangotango. Vale dizer que não foi um crime, pois não se costuma, nas sociedades modernas, qualificar assim a morte infligida por um animal a um humano. Não apenas o crime exemplar, cuja elucidação marca simbolicamente o nascimento da ficção policial, difere de todos aqueles com que a polícia e a justiça lidam normalmente, como também, de maneira ainda mais radical, simplesmente não se trata de um crime. O novo gênero policial nasce como um gênero ficcional paradoxal: a elucidação de um acontecimento ou de uma série de acontecimentos cuja racionalidade própria consiste em sua distância radical de todas as formas conhecidas de encadeamento causal das ações humanas que lhe são comparáveis.

Há duas maneiras de pensar essa distância. A primeira vê nela a oportunidade para pôr em ação faculdades espirituais que excedem as formas de racionalidade causal que normalmente estão em jogo nas questões humanas em geral e nas questões criminais em particular. Aquilo que chamamos de "romance policial" é chamado em inglês de *detective story*, e nasce de fato com a personagem do detetive. Ora, este não é um policial privado ou amador. Ele é propriamente um não policial ou um antipolicial, um homem cujo *status* social e o modo de pensamento se opõem aos dos funcionários dedicados à gestão ordinária dos crimes e formados no tipo de racionalidade que esta supõe. O detetive que fornece ao romance policial sua substância própria é precisamente um *outsider*, alguém que vê de outro jeito por ser exterior às lógicas de visão produzidas pelas funções sociais de gestão das populações e de manutenção da ordem pública. Essa exterioridade é a única informação que Poe julga útil oferecer sobre seu "detetive" Auguste Dupin. Este é simplesmente caracterizado como um filho de família rica que perdeu sua fortuna, mas dispõe mesmo assim de uma modesta renda que lhe permite viver como quer. Mas viver como quer é para ele viver de uma maneira que inverte a ordem normal do visível que acompanha a ordem normal do tempo e das ocupações às quais ele se dedica. A cada manhã, Dupin diz adeus a essa ordem fechando suas persianas aos primeiros clarões do dia para, em seu apartamento bem resguardado, estudar à luz de velas. E ao cair da noite ele sai para buscar "através das luzes desordenadas e das trevas da populosa cidade essas inumeráveis excitações espirituais que o estudo tranquilo não pode oferecer".[1] As trevas impostas ao dia, a procura da luz na noite, tais são as condições que permitem aguçar essa faculdade analítica que se opõe à engenhosidade dos calculadores como a intuição intelectual se opõe, desde Kant, às conexões do entendimento. A engenhosidade dos calculadores — jogadores profissionais, policiais ou, eventualmente, criminosos — não passa da arte medíocre de ordenar, como uma sequência de lances, as causas capazes de produzir os efeitos esperados. Já a faculdade analítica é a potência espiritual que iguala o pensamento à visão reunindo num só ato as atividades normalmente opostas da intuição e da dedução. Ela apreende os fenômenos de viés, a uma distância média que evita a dupla fonte de erros: deduzir a partir de um número pequeno demais de detalhes

[1] Edgar Allan Poe, "Double assassinat dans la rue Morgue", in *Histoires*, trad. Charles Baudelaire, Paris, Gallimard, "Bibliothèque de la Pléiade", 1940, p. 12 [ed. bras.: *Os crimes da rua Morgue e outras histórias extraordinárias*, tradução e adaptação de Clarice Lispector, Rio de Janeiro, Rocco, 2017].

que extraviam a vista; perder-se pelo pensamento na busca das causas subterrâneas dos fenômenos quando tudo deve ser apreendido numa só cadeia a partir do que é visto. O detetive ideal é aquele que ao mesmo tempo abre bem os olhos para o visível e os fecha para ordenar seus elementos por meio da visão interior.

Essa é a forma da relação entre o fora e o dentro que permite destrinchar o enigma dos crimes cometidos em lugares fechados onde não se pode entrar e de onde não se pode sair. Será esse, ainda, o "bom pedaço de razão" graças ao qual, fechando os olhos, o jovem Rouletabille vai esclarecer o mistério do quarto amarelo. De fato, a lógica da *detective story* não pode se limitar à ciência das impressões e pegadas herdada dos *Três príncipes de Serendip* ou das histórias de moicanos de Fenimore Cooper. Não basta observar rastros com exatidão para identificar aqueles que os deixaram. É preciso que a relação dos rastros com seu autor se inscreva num encadeamento total de causas e efeitos. E, para enxergar esse encadeamento que não dá bola para portas e janelas fechadas, é preciso fechar os olhos. A ligação integral só pode ser espiritual. A faculdade de apreender uma cadeia inteira de consequências no ato único da visão, um outro jovem a formulara, dois anos antes da publicação de "Os assassinatos na rua Morgue". Era a lição que o jovem Louis Lambert ensinava a seu "parceiro inseparável" do colégio de Vendôme: "Pensar é ver [...]. Toda ciência humana repousa sobre a dedução, que é uma visão lenta pela qual se desce da causa ao efeito, pela qual se remonta do efeito à causa [...]".[2] Associar imediatamente o que se vê à cadeia dos pensamentos que lhe confere uma causa invisível, essa faculdade espiritual por meio da qual uma alma penetra os segredos de outra é paradoxalmente a faculdade que permite desvendar o "crime" inteiramente material de um orangotango. Esse aparente paradoxo é a simples aplicação do princípio: "Quem pode mais, pode menos". De fato, não foi inicialmente por sua habilidade de destrinchar um enigma po-

[2] Honoré de Balzac, *Louis Lambert*, in *La Comédie humaine*, Paris, Gallimard, "Bibliothèque de la Pléiade", t. 11, 1980, p. 613 [ed. bras.: *Luís Lambert*, in *A comédia humana*, vol. XVII, Porto Alegre, Globo, 1955].

licial que Dupin impressionou o narrador, mas por sua capacidade de ler com exatidão em seu olhar e nos seus gestos o desenrolar de seus pensamentos caminhando silenciosamente ao seu lado. Foi assim que Dupin reconstituiu a cadeia pela qual o espírito de seu companheiro tinha passado do vendedor de frutas cujo cesto o derrubara no chão à consideração do pavimento irregular, em seguida à estereometria utilizada na pavimentação de uma outra rua, depois aos átomos de Epicuro, à confirmação da teoria atomista pelas descobertas cosmogônicas recentes, à nebulosa de Orion sobre sua cabeça e, finalmente, pelo intermédio de um verso latino a respeito dessa constelação, a um artigo satírico sobre um antigo sapateiro remendão chamado Chantilly que, apesar de baixinho, queria ser ator trágico.[3]

O episódio é uma lição de filosofia: a associação empírica das ideias não é mais que uma manifestação da ligação espiritual de todos os fenômenos. Dupin declara excluir de sua investigação toda causa sobrenatural. Mas a faculdade analítica que lhe permite resolver o insolúvel enigma do duplo assassinato se distingue do cálculo dos policiais — e dos criminosos — como a visão do espírito se distingue da dos olhos de carne. Dupin lê a solução no espetáculo do quarto em desordem como lê no rosto de seu amigo o encadeamento de seus pensamentos. Ainda que a produção de Poe não acompanhe o ritmo da atualidade literária francesa, a história dos assassinatos da rua Morgue veio na hora certa, entre dois livros de Balzac: *Louis Lambert*, publicado dois anos antes, e *Ursule Mirouet*, publicado em folhetim no outono seguinte, romance em que a comunicação swedenborguiana das almas fornecerá o meio para desmascarar o autor de um roubo. Se o romance policial nasce com Poe, ele nasce num universo de espiritualidade swedenborguiana, longe, muito longe, de qualquer racionalização sociológica da criminalidade. Se ele enlaça literatura e ciência, não é a princípio através das formas de exame médico e químico a que a investigação policial começava então a se associar. Como Régis Messac salientou em seu estudo pioneiro, ele nasce colocando em

[3] Edgar Allan Poe, "Double assassinat dans la rue Morgue", in *Histoires*, *op. cit.*, pp. 13-6.

funcionamento uma ideia bem específica da ciência, encarnada por duas figuras que inspiram ao mesmo tempo a comédia social balzaquiana e as especulações místicas de seu autor: Cuvier e Swedenborg. O cientista que reconstitui uma espécie extinta a partir de um único elemento anatômico; e o místico que inscreve essa reconstituição no universo que lhe convém: o da grande ligação entre os seres e os acontecimentos, uma ligação totalmente espiritual, que só uma inteligência dotada de poderes sensíveis excepcionais pode perceber.[4] O romance policial não participa da racionalidade científica pelo estudo meticuloso dos indícios e pela pesquisa de laboratório, mas pela fé que inscreve todo e qualquer indício nessa cadeia que, havia um século, emblematizava a ciência: a cadeia que estabelece, ali onde os olhos de carne veem apenas fenômenos dispersos, uma ligação necessária com o conjunto do universo. Se a ficção policial se vincula duradouramente à investigação sobre um corpo mutilado e desmembrado, não é para testemunhar a brutalidade do crime e de seu autor, mas para oferecer à faculdade analítica a oportunidade de operar reinserindo esse fragmento na grande cadeia dos seres. O corpo desmembrado que, para a investigação policial e judicial, é o de uma vítima cujo assassino é preciso encontrar, para o detetive dotado da faculdade analítica é algo totalmente diferente: é um elemento isolado numa cadeia de acontecimentos sensíveis cuja articulação global ele deve reconstituir. Essa ligação dos fenômenos num todo se identificará mais tarde a uma certa ideia da ciência materialista, mas, naquele momento, só era pensável como uma ligação inteiramente espiritual, acessível unicamente a uma capacidade dedutiva associada à aplicação de sentidos totalmente interiores, totalmente espirituais: aquele mundo interior dos sentidos em que se abisma a razão do pobre Louis Lambert, mas que permite, mais prosaicamente, à ingênua Ursule Mirouet retomar a posse de sua herança. O romance policial e o romance filosófico são irmãos porque comungam uma mesma fé científica, uma mesma ideia da ciência: há no universo uma

---

[4] Régis Messac, *Le "Detective Novel" et l'influence de la pensée scientifique*, Paris, Honoré Champion, 1929.

ligação entre todos os fenômenos que escapa à inteligência corriqueira, mas se deixa apreender por essa forma particular de inteligência que é capaz de ver o nexo no desconexo.

Essa é a primeira maneira de pensar a distância do jovem romance policial em relação ao ordinário da criminalidade. Ele é a oportunidade de colocar em jogo um tipo de racionalidade que excede os poderes normais da dedução pela percepção de uma ligação espiritual entre todos os fenômenos. O problema é que essa racionalidade científica remete a uma ideia da ciência que começava a claudicar. Já não se espera muita coisa nos anos 1840 das novas descobertas científicas. É precisamente isso o que a torna disponível para a ficção.

Mas essa disponibilidade é acompanhada por um deslocamento que desvincula a ligação integral dos fenômenos de seu horizonte espiritualista e faz dela um princípio de racionalidade interna da ficção. Essa é a segunda maneira de pensar a distância da ficção policial, aquela que a posteridade modernista irá saudar em Poe. Ela a opõe não ao ordinário do crime e da racionalidade policial, mas à evolução realista da ficção. Basta para tanto aproximar o método do detetive Dupin da "filosofia da composição" exposta cinco anos depois pelo poeta Edgar Allan Poe. Essa filosofia é demonstrada por meio do procedimento de composição de um poema, mas o problema é introduzido a propósito de um suposto precursor do romance policial, o *Caleb Williams*, de Godwin. Poe parte de uma afirmação de Dickens, para quem Godwin teria elaborado o romance a partir do seu final, essa caça ao homem de que a primeira parte, composta ulteriormente, fornece a razão, a saber, a elucidação de um crime cometido por um "homem de bem" de quem jamais se suspeitaria.

É para responder a essa alegação que Poe desenvolve a tese que, após ter seduzido Baudelaire, servirá de emblema a uma certa ideia da modernidade literária, a da unidade de efeito: "Nada é mais claro que o fato de que toda intriga digna desse nome deve ser elaborada até seu desenlace antes que a caneta entre em ação. É somente com o desenlace constantemente diante dos olhos que se pode dar a uma intriga seu indispensável aspecto de um encadeamento de consequências ou de uma ligação causal fazendo de sorte que os incidentes e, sobretudo, o tom colaborem a cada momento para a realização da intenção".[5]

Nessa filosofia, em que alguns viram a palavra de ordem da modernidade literária, é fácil ver, ao contrário, uma versão renovada da velha definição aristotélica da racionalidade ficcional: a construção de um encadeamento de ações necessário ou verossímil que se separa da crônica dos fatos mostrando como coisas *podem* acontecer e se ligar umas às outras, em vez de contá-las simplesmente como aconteceram, umas depois das outras. A ficção policial conduzida pela "faculdade analítica" oferece a forma exemplar de um aristotelismo renovado. Se essa ficção tem a ver com a sociedade moderna, é de uma maneira negativa. A racionalidade da dedução extraída da observação instantânea se esforça, assim como a da unidade de efeito, para conjurar o perigo que essa sociedade representa para a racionalidade ficcional, tanto aos olhos de Poe quanto aos dos nostálgicos pelo universo refinado das belas-letras: o perigo de que a racionalidade ficcional atole no universo da prosa e dos seus detalhes prosaicos.

Aqui, no entanto, a reivindicação espiritualista de uma estrita racionalidade causal se separa da nostalgia dos reacionários: o problema não é se livrar dos detalhes, mas alterar sua função. É verdade que se poderia dizer que esse problema já tinha sido resolvido por Balzac. Nenhum dos detalhes com que ele cumula os leitores ávidos para ver a intriga avançar é acessório. Cada um deles significa uma sociedade e uma época. Foi assim que ele fez falar os móveis da casa Grandet, a fachada do hotel du Guénic em *Beatriz* ou a de *Ao "Chat-qui-pelote"*. Mas só pôde fazer isso com uma condição bem precisa que era a de instalar a ciência entomo-

[5] "Nothing is more clear than that every plot, worth the name, must be elaborated to its denouement before anything be attempted with the pen. It is only with the denouement constantly in view that we can give a plot its indispensable air of consequence, or causation, by making the incidents, and especially the tone at all points, tend to the development of the intention." Edgar Allan Poe, "The Philosophy of Composition", in *Essays and Reviews*, Nova York, The Library of America, 1984, p. 13. Por razões de coerência interna, me permiti substituir a tradução consagrada de Baudelaire pela minha própria.

lógica de Cuvier na ciência visionária de Swedenborg. Quando a conexão se desfaz, os signos voltam ao estado de coisas, o espaço da ação se entulha e o romancista aí se perde à imagem dos policiais zombados por Dupin que, para encontrar a famigerada "carta roubada", examinam no microscópio todos os pés de cadeira e as juntas de todos os móveis. E, do mesmo modo, o tempo da ação ficcional se perde no detalhe dos momentos quaisquer. A ficção romanesca exagera no tempo fragmentado da crônica até o ponto em que o próprio motor da ação acaba por se identificar com a rotina da chuva e do tempo bom. Mais alguns anos e, em nome de uma ideia completamente diferente da ciência, um romancista desconhecido, sob o pretexto de corrigir os sonhos celestes de sua heroína, assimilará sem maiores problemas o andamento de um amor — e do romance que o conta — à chuva que se acumula nos terraços das casas quando as calhas estão entupidas.[6] O romance dito realista, com suas personagens comuns, seu tempo repetitivo e seus acontecimentos insignificantes ameaça afogar a antiga lógica da ação ficcional nesse "cotidiano insípido e ocioso", cujo peso na literatura francesa moderna Borges denunciará um século depois.[7] Contrapondo à sua monotonia a série de prodígios que seu compatriota Adolfo Bioy Casares é capaz de deduzir de um único postulado, Borges põe em evidência a tradição artificialista que sai de "Os assassinatos na rua Morgue". A ficção policial, com seus acontecimentos incríveis e seus gênios extralúcidos, mostra-se aí

---

[6] "Quanto a Emma, não se perguntou se o amava. O amor, acreditava, devia chegar de repente, com grandes estrondos e fulgurações, furacão dos céus que cai sobre a vida, a transtorna, arranca as vontades como folhas e arrasta para o abismo o coração inteiro. Não sabia que, no terraço das casas, a chuva forma lagos quando as calhas estão entupidas, e permaneceu assim em sua segurança, até que descobriu subitamente uma rachadura na parede." Gustave Flaubert, *Madame Bovary*, segunda parte, capítulo IV, in *Oeuvres complètes*, Paris, Gallimard, "Bibliothèque de la Pléiade", t. 3, 2013, p. 238 [ed. bras.: *Madame Bovary*, trad. Mario Laranjeira, São Paulo, Companhia das Letras, 2011].

[7] Jorge Luis Borges, "Préface", in Adolfo Bioy Casares, *L'Invention de Morel*, Paris, UGE, 1992, p. 8 [ed. bras.: *A invenção de Morel*, prólogo de Jorge Luis Borges, trad. Samuel Titan Jr., São Paulo, Cosac Naify, 2006].

como uma máquina de guerra contra a novidade realista. Oferece o meio de restabelecer, junto com a unidade da ação, o *tour de force* que faz o inverossímil acontecer logicamente. Põe ordem, de maneira exemplar, na anarquia dos detalhes em que as conexões da racionalidade ficcional corriam o risco de se perder.

Mas ela tenta fazer isso num tempo em que o grande sonho da ligação espiritual de tudo com tudo está se desfazendo. É por isso que, logo de saída, a racionalidade de suas intrigas vai se ver dividida entre dois modelos opostos. De um lado, a ficção policial vai abusar até a extravagância do método realista que faz do detalhe um indício. Do outro, vai rejeitar tudo o que se oferece ao olhar como prova e andar na direção contrária ao que os indícios levam a crer. Essa rejeição logo vai aparecer nos métodos opostos utilizados pelos dois primeiros herdeiros franceses do cavalheiro Dupin, as duas personagens a que Émile Gaboriau confia a tarefa de contrariar a lógica policial e judicial comum do "culpado ideal": o detetive Tabaret e seu discípulo, o policial atípico Lecoq.

Herói de *O caso Lerouge*, Tabaret é o homem dos rastros e dos indícios escrupulosamente recolhidos, aquele que faz a lama do lado de fora falar, assim como a poeira em cima dos armários ou a posição dos ponteiros de um relógio. É assim que ao cabo de uma hora e meia de investigações ele é capaz de anunciar à assistência embasbacada que a viúva Lerouge estava se despindo e dando corda em seu cuco, quando o assassino, que ela conhecia bem, bateu na persiana da janela; e que este é um homem ainda jovem, um pouco mais alto que a média, elegantemente vestido, que, na noite do crime, estava usando uma cartola, portava um guarda-chuva e fumava uma cigarrilha com uma piteira. O chefe da polícia, furioso por ver contestada a cômoda ficção do culpado ideal, nem por isso está errado quando diz que Tabaret é vítima da nova moda de "bancar o policial para fazer sucesso" e que "pretende com um único fato reconstruir todas as cenas de um assassinato como aquele cientista que a partir de um único osso reconstruía os animais extintos".[8] A performance de Tabaret, em todo caso, é

---

[8] Émile Gaboriau, *L'Affaire Lerouge*, Paris, Liana Levi, 1991, p. 24. O

fundadora de um gênero: é exatamente dessa mesma maneira que, em *Um estudo em vermelho*, outro discípulo de Cuvier e de Dupin, Sherlock Holmes, igualmente convencido de que "a vida inteira não é mais que uma grande cadeia cuja natureza nos é revelada a partir do instante em que dela nos é dado ver um único elo",[9] e capaz de adivinhar ao primeiro olhar a história de um homem e sua profissão, deixará embasbacados o doutor Watson e os policiais ao anunciar-lhes, após um meticuloso exame das pegadas na lama do lado de fora e da poeira de uma casa, que o assassino é um homem que mede pouco mais de um metro e oitenta, tem rosto avermelhado, unhas da mão direita notavelmente longas, e estava usando coturnos de sola quadrada e fumando um charuto Trichinopoly.[10]

Por certo, é mais satisfatório para o espírito utilizar a chuva para encontrar os rastros de um assassino na lama do que para fazer dela a metáfora de um amor provinciano. Mas esses exercícios de virtuosismo a propósito de solas e charutos são ainda um pouco prosaicos demais, um pouco próximos demais da lama cotidiana para ilustrar a racionalidade a que se consagra a filosofia do romance policial e a que se identifica uma ideia da ficção moderna. É por isso que Lecoq, embora discípulo de Tabaret, dá um passo adiante quando confrontado com o crime de Orcival. A performance da decifração dos indícios certamente é feita sob medida para embasbacar a assistência. Mas o problema não é embasbacar os colegas, e sim apanhar o assassino. E o assassino, geralmente, não é um orangotango. É um ser humano dotado de inteligência que também conhece a lógica dos indícios e pode, assim, usá-la em sentido contrário: não para conduzir à verdade, mas para induzir ao erro. Quem está diante de uma proliferação de indícios deve,

---

cientista referido é obviamente Cuvier. [Ed. bras.: *O caso Lerouge*, trad. Augusto de Sousa, São Paulo, Coleção Saraiva, 1961, 2 vols.]

[9] Arthur Conan Doyle, *Une étude en rouge*, trad. R. Lécuyer. Paris, Librairie des Champs-Élysées, 1985, p. 31 [ed. bras.: *Um estudo em vermelho*, trad. Maria Luiza X. de A. Borges, Rio de Janeiro, Zahar, 2009].

[10] *Ibid.*, p. 54.

pois, tomar as coisas ao avesso, pensar que, se eles estão ali, visíveis a olho nu ou mesmo apenas para o olho experiente, é para realizar o trabalho corrente do visível, que é o de apresentar as aparências próprias para dissimular a verdade que, por definição, é invisível. É preciso então contrariar o argumento da continuidade ininterrupta dos fenômenos alargando outra vez o fosso que separa a aparência da verdade. Se existem indícios visíveis, é porque eles foram dispostos com o propósito de atrair o investigador para pistas falsas. Este tomará então por método ver neles signos que indicam a maneira como o crime *não aconteceu*. Essa é a lição dada por Lecoq. Se o cadáver foi encontrado à beira da água, é porque foi colocado ali deliberadamente após um assassinato perpetrado dentro do castelo. Se está coberto de facadas, é porque foi morto com uma só. Se um machado é encontrado no chão da sala onde o crime foi cometido, é porque o assassino não o usou. Se a cama está desfeita, é porque ninguém dormiu nela. Se há cinco copos sobre a mesa, é porque os convivas não eram cinco; aliás, o fato de se encontrar sobre a mesa os restos de uma refeição basta para provar que ninguém bebeu nem comeu nesse lugar.

A racionalidade aristotélica da ficção trágica fundava-se na operação que fazia coincidir a manifestação da verdade com a inversão de fortuna que se abatia sobre o herói. A nova racionalidade da ficção policial parecia inicialmente destinada a renovar e revitalizar essa lógica. Mas acaba por levar a algo totalmente diferente. A ficção trágica funcionava por reviravolta do sentido dos oráculos e dos indícios. Estes eram verídicos. Simplesmente, ali a verdade se revelava diferente do que o herói acreditava e do que o encadeamento dos fatos levava a esperar. A lógica de Lecoq retira essa plasticidade dos indícios. Força-os a ser verdadeiros ou falsos. Reduz assim a operação mimética da reviravolta das aparências — a inversão do que era esperado — à operação platônica que simplesmente conclui que a aparência é falsa por ser visível. O caminho que leva do indício a sua verdade é substituído então pelo simples critério que faz da verdade o contrário da aparência. A racionalidade policial, em última instância, nos diz simplesmente isto: o crime não foi cometido como (a)parece que foi cometido. As coisas em geral não acontecem como se acredita que acontecem. A verdade pode ser reconhecida assim: ela é o contrário do que a ligação aparente dos fenômenos dá a ver.

Essa verdade seguramente não é mais da época de Swedenborg. Em compensação, é contemporânea das novas figuras do verdadeiro que vão acompanhar a era da ciência positiva: figuras que opõem, com Schopenhauer, a verdade insensata do querer viver às ilusões necessárias do véu de Maia; ou, com Marx, a realidade do processo de produção da vida material e de seu desenvolvimento histórico aos reflexos invertidos que ele produz na câmara escura da ideologia. O detetive se opõe ao funcionário policial como o cientista que, em Marx, percebe do exterior que a realidade do processo econômico se opõe ao agente da produção cuja própria posição nesse processo condena a não vê-lo. A racionalidade de Lecoq certamente está de acordo com esses dois novos modos da fé científica que restabeleceram, contra a simples afirmação do encadeamento integral dos fenômenos em que se tratava somente de ver mais longe num só olhar, a oposição entre o mundo das aparências visíveis e o da verdade invisível. Esse platonismo renovado serve de teatro à querela filosófica e política para saber se a ciência do mundo verdadeiro permite mudar a vida ou se só a mentira torna-a suportável. Resta saber o que ele aporta exatamente à ficção literária afora os paradoxos sedutores que, no século seguinte, irão jogar com a confusão do traidor e do herói, do investigador e do criminoso ou do perseguidor e do homem encurralado. O virtuosismo que deduz o tipo de sapatos usado pelo assassino e as cigarrilhas que ele fumava e a sabedoria que descarta os indícios evidentes demais parecem igualmente incapazes de fornecer a cadeia causal forte capaz de distanciar a ficção das águas estagnadas sobre os terraços do romance realista. Num tempo em que os sapatos e as cigarrilhas começam a ser produzidos em série e vendidos em massa, já é bem extraordinário esperar que sirvam para identificar um assassino. É ainda menos de se esperar que forneçam o que a razão ficcional comum requer: a explicação do encadeamento de causas e efeitos que resultou em que esse indivíduo particular cometesse nesse lugar esse crime específico, com ou sem cigarrilhas. A unidade de efeito — ou o prometido encadeamento de prodígios — realmente parece se interromper no ponto em que as marcas são relacionadas com exatidão aos sapatos que as produziram. Ela permanece assim inteiramente compreendida na ordem das causas eficientes sem ligação com qualquer causa final. A bela cadeia de deduções que diz, com um luxo de detalhes, como o crime foi cometido deixa intocada a questão de saber quem o cometeu e por quê. Dupin despachou o problema atribuindo o duplo crime da rua Morgue a um ser que não precisava de nenhuma razão para estrangular suas vítimas. Mas era preciso que houvesse, perto da casa das vítimas, um marinheiro maltês que teve a singular ideia de se instalar num apartamento de Paris com um orangotango. Do mesmo modo, ele considerará ter feito o suficiente estabelecendo, a golpes de refutações minuciosas dos jornais, o lugar e o momento exatos do assassinato de Mary Roget e provando que este foi cometido por um homem sozinho e não por um bando. Terá demonstrado assim, mais uma vez, a necessidade para a razão de evitar a armadilha do "detalhe". Quanto a saber que razão o fantasmático oficial da marinha, identificável pela periodicidade de suas aparições e por sua maneira de fazer um nó de correr, podia ter para matar essa vendedorazinha pela qual o leitor não tem nenhuma razão particular para se interessar, manifestamente esse não é problema seu.

Certamente o será para seus sucessores. Com a altura, a cartola e as cigarrilhas do assassino da viúva Lerouge, Tabaret ainda não dispõe de nenhum indício que lhe permita chegar até o caso de falsa troca de uma criança, digno de *Il Trovatore*, de Verdi, que é a razão última do assassinato. Será preciso que descubra isso de maneira independente e miraculosa, pois quem o informa espontaneamente do papel desempenhado pela viúva Lerouge nessa troca é o jovem que mora no mesmo andar do seu prédio, a quem ele trata como se fosse seu próprio filho e que, para maior comodidade, se revelará ser ele próprio o assassino. A ciência de Tabaret pode deduzir a altura e as roupas do assassino, mas, para encontrá-lo, Tabaret deve tê-lo já à mão, não apenas como vizinho, mas também como personagem de um tipo completamente diferente de ficção, uma criança trocada de melodrama. O problema é semelhante para Sherlock Holmes em *Um estudo em vermelho*: os coturnos de sola quadrada e os charutos de Trichinopoly do assassino nada dizem por si mesmos sobre a causa do assassinato cometido numa casa abandonada de Londres. A causa deve vir de outros lugares, e mesmo de muito longe, como os marinheiros de Edgar Allan Poe. E, para explicá-la, o autor deve mudar não apenas de gênero literário, mas também de modo de enunciação e, finalmente, de livro. É, de fato, um segundo livro que começa quando o romancista retira a palavra de Watson e a entrega a um narrador impessoal que nos transporta para Salt Lake City trinta anos antes, contando-nos a história do assassino, um tal Jefferson Hope, a quem os mórmons tinham roubado a noiva e também matado o pai adotivo. Se o assassino — o justiceiro — vem de tão longe, é porque a história do crime e a de suas razões são duas histórias diferentes. Essa dissociação original acompanhará a história da ficção policial até nossos dias. Atestam isso exemplarmente os romances de Henning Mankell, que, mais de uma vez, fazem com que se solucionem nos confins do interior da Suécia histórias de ódio e injustiça cuja origem se encontra no deserto argelino, na África do Sul do apartheid, nas plantações do Caribe ou em algum outro longínquo teatro de violência. É sempre por meio de um *tour de force* que eles unem numa mesma lógica os efeitos de dois saberes: o que remete a suas causas as mutilações sofridas por corpos encontrados num poço, numa vala ou num lago nos arredores de uma cidadezinha do interior, e o que remete comportamentos criminosos particulares à conexão global das relações políticas e sociais em escala mundial. Mas essa contradição não é específica de um romancista desejoso de conciliar sua habilidade de criador de intrigas com suas convicções políticas. O imperialismo mundial não está nem mais nem menos deslocado em Ystad do que o orangotango de Bornéu estava no bairro de Saint-Roch, o melodrama das crianças trocadas numa mansão de Bougival ou a vingança de um jovem de Nevada contra os mórmons de Utah numa casa abandonada em Londres. A racionalidade policial inventada por Poe devia opor à perda do romance moderno no universo dos seres e das coisas quaisquer a bela unidade da ação que reconduz todo e qualquer detalhe a sua função e todo e qualquer efeito a suas causas. Mas só o fez duplicando a ação e sua racionalidade. Ela apertou ao máximo, às vezes até chegar às raias do ridículo, a cadeia das causas eficientes, mas foi para separá-la ainda mais radicalmente da ordem das causas finais. É por isso que o paradigma inventado por Poe serviu sobretudo para ilustrar, no século XX, o dogma modernista da racionalidade literária. Já os autores de romances policiais do mesmo século souberam tomar distância desse paradigma. Todo refinamento de intriga causal está ausente quando um outro nativo de Baltimore, Dashiell Hammett, enfileira uma cascata de assassinatos em *Seara vermelha*.[11] A causa do crime é o próprio crime. É a existência de um meio criminoso cuja atividade normal é o acerto de contas à mão armada, instalado no centro da vida social pela cumplicidade dos homens de dinheiro e de poder. E é esse meio, onde criminosos, vítimas e policiais chafurdam do mesmo jeito que se torna o tema do romance policial. De Chandler a Ellroy, os sucessores de Dashiell Hammett compreenderam que o sucesso de suas histórias estava mais garantido do lado das luzes sinistras e das atmosferas corruptoras do romance naturalista do que do lado dos paradoxos lógicos ou da visão espiritual do poeta de Baltimore.

---

[11] Dashiell Hammett, *Moisson rouge*, trad. N. Beunat e P. Bondil, Paris, Folio/Gallimard, 2011 [ed. bras.: *Seara vermelha*, trad. Alexandre Hubner, São Paulo, Companhia das Letras, 2002].

AS MARGENS DO REAL

O INIMAGINÁVEL

Como se pode inventar uma personagem? A questão parece supérflua. Afinal — acredita-se —, é esse o trabalho do escritor. E quem não tem a imaginação necessária para tanto faria melhor em escolher outro ofício. Essa simples exigência, é verdade, por muito tempo se fez acompanhar de seu contrário: o que era inventado devia se apresentar como não o tendo sido. Tal foi tradicionalmente a função daqueles relatos antes do relato, em que o narrador desmentia ter inventado a história que ia contar e invocava um manuscrito encontrado, uma confidência recebida ou um relato ouvido. Isso não servia, como imaginam os críticos de plantão, para fazer crer na realidade objetiva dos acontecimentos contados. Servia, ao contrário, para liberar o narrador da preocupação de garanti-la. O artifício, ao mesmo tempo que chamava a atenção para si próprio, se deixava facilmente esquecer. Os leitores da *Cartuxa de Parma* raramente se lembram da advertência que atribui a história ao relato das aventuras da duquesa Sanseverina ouvido nove anos antes pelo narrador quando visitava um velho amigo cônego em Pádua. É que precisamente a ficção, com suas situações, acontecimentos e personagens, tinha seu real próprio, bem distinto do outro. Podia-se sem contradição inventar e dizer que não se estava inventando.

Mas chegou um momento na história da ficção em que essa feliz conjunção dos contrários se tornou impraticável. Foi o momento dito realista. O que realismo significa não é a abdicação dos direitos da imaginação diante da realidade prosaica. É a perda das balizas que permitiam separar um real do outro, e também, portanto, tratar sua indistinção como um jogo. Inventar dizendo que não se inventa deixa de ser então um artifício de convenção. Torna-se uma contradição performativa. Se um romancista exibe essa contradição é porque a própria definição da imaginação como faculdade de inventar se tornou problemática. É precisamente isso o que parece indicar a estranha declaração que abre abruptamente o romance *Sob os olhos do Ocidente*, de Joseph Conrad. "Para começar, quero dizer que não possuo aqueles altos dons de imaginação e de expressão que teriam permitido à minha pena criar para o leitor a personalidade do homem que se chamava, de acordo com o costume russo, Cyril filho de Isidor — Kirill Izídorovitch — Razumov."[1]

Assim fala o professor de línguas residente em Genebra encarregado de contar a história de Razumov, o estudante petersburguês que, após ter denunciado o autor de um atentado terrorista que tinha se aberto para ele, tornou-se um agente duplo infiltrado pela polícia russa nos círculos dos revolucionários emigrados. Não lhe teria sido possível, diz ele, inventar a história que vai contar. Daí se concluiria logicamente que não precisou inventá-la, que ele a conta porque foi sua testemunha direta. Mas esse não é o caso. Ele nunca pôs os pés na Rússia. Seus encontros com Razumov se limitaram a algumas conversas nas ruas de Genebra em que este, ainda por cima, se mostrou um tanto quanto taciturno. E sua natureza de honesto cidadão britânico o impede de imaginar a ação e os motivos dessa personagem. Ela o impede de compreender esses nativos do Império Russo que só podem se opor à repressão absolutista de toda e qualquer vida pública com palavras e sonhos de destruição radical. Deve então dizer ao leitor o que é que lhe permite contar a história de uma personagem que mal conheceu e sobre a qual nada pode imaginar. Recorre para tanto à velha receita do manuscrito caído em suas mãos. Mas essa velha receita se transforma na mais gritante das contradições: esse Razumov que

[1] Joseph Conrad, *Sous les yeux d'Occident*, trad. J. Deurbergue, in *Oeuvres*, Paris, Gallimard, "Bibliothèque de la Pléiade", t. 3, 1987, p. 523. Por razões de comodidade, as referências aos romances de Conrad foram todas tomadas dessa edição de suas obras, mas modifiquei por vezes a tradução. [Ed. bras.: *Sob os olhos do Ocidente*, trad. Marcos Santarrita, São Paulo, Brasiliense, 1984.]

os revolucionários tinham escolhido como confidente, e que a polícia recrutara como agente duplo pela mesma razão — seu caráter secreto —, mantinha um diário íntimo no qual consignava cuidadosamente o relato de suas traições!

Para essa inverossimilhança existe, é claro, uma explicação muito simples: o agente duplo Razumov é russo, e o professor de línguas, assim como o romancista, partilha a convicção que será resumida mais tarde por outro escritor numa frase lapidar: "Os russos e os discípulos dos russos demonstraram até o fastio que nada é impossível".[2] Não se deve, portanto, tentar explicar suas razões. Mas o leitor fica então inclinado a pensar que o romancista poderia ter evitado girar tão laboriosamente nesse círculo de inverossimilhanças, deixando para lá seu estorvante professor e confiando o relato ao famoso "narrador onisciente", que não precisa de nenhuma justificação. Contudo, essa conclusão razoável seria um pouco simples demais. Por um lado, o estorvante professor está ali justamente para indicar aos leitores a distância radical entre o comportamento das personagens da narrativa e o sistema de razões verossímeis que normalmente funda a adesão a uma narrativa. Porém, por outro lado, sua incapacidade de compreender o torna apto a carregar o peso dessa personagem inimaginável, tirando-o do romancista, que não quer lidar diretamente com ele, nem mesmo como "narrador onisciente".

Pois o demasiado célebre "narrador onisciente" recobre na verdade duas personagens bem distintas. Há o inventor de intrigas e de personagens à moda antiga, que pode se retirar da narração para deixar que se desenrolem as consequências lógicas das situações e dos caracteres que inventou. E há esse novo narrador, que data da época de Flaubert: um narrador que tira de cena a primeira pessoa, mas casa a própria respiração da frase com as percep-

[2] Jorge Luis Borges, "Preface", in Adolfo Bioy Casares, *L'Invention de Morel*, *op. cit.*, p. 8. [A rigor, a tradução francesa usada aqui por Rancière altera ligeiramente o texto de Borges, que diz no original: "Los rusos y los discípulos de los rusos han demostrado hasta el hastío que nadie [isto é, ninguém] es imposible: suicidas por felicidad, asesinos por benevolencia [...]". (N. do T.)]

ções e afetos das personagens. Esse narrador é menos capaz que qualquer outro de manter sua personagem à distância. Ele pratica, de fato, um outro tipo de imaginação. Conrad formulou abruptamente seu princípio num elogio a Maupassant: "Esse artista possui a verdadeira imaginação; nunca condescende em inventar o que quer que seja".[3] Essas duas frases bastam para derrubar a falsa ideia, indefinidamente repisada, sobre o que a mimese quer dizer. O homem da mimese não é aquele que reproduz, transpondo-os, situações ou acontecimentos reais. É aquele que inventa personagens e situações que não existem, mas que poderiam existir. O verdadeiro criador não inventa. Não extrai de seu cérebro personagens às quais atribui sentimentos e aventuras possíveis. Desenvolve, ao contrário, as virtualidades de história contidas em um estado sensível efetivo, um espetáculo surpreendido, uma silhueta apenas divisada, uma confidência não solicitada, uma anedota ouvida por acaso ou recolhida num livro encontrado nas prateleiras de um sebo. É aí que deve se engendrar a energia nervosa que cria os episódios de uma história, e que só as cria se ela se traduz primeiramente em frases. Flaubert tem necessidade de "*se faire voir*", de "se fazer ver" a cena que descreve. Já Conrad nos garante, a respeito de diversas personagens, que as viu passar um dia em algum lugar; assim se dá com Tom Lingard, com o sueco de *Vitória* e, sobretudo, com Lord Jim, sobre o qual escreve estas famosas linhas que resumem toda uma arte poética e mesmo todo um regime da arte: "Posso, sem receio, assegurar aos meus leitores que ele não é o produto de uma fria perversão do pensamento. Tampouco uma figura das brumas nórdicas. Uma manhã ensolarada, no cenário banal de uma enseada do Oriente, vi sua silhueta passar — atraente — característica — sob uma nuvem — perfeitamente silenciosa. Como devia ser. Cabia a mim, com toda a simpatia de que era capaz, procurar as palavras para seu significado. Ele era 'um de nós'".[4]

---

[3] Joseph Conrad, "Guy de Maupassant", in *Propos sur les lettres*, trad. M. Desforges, Paris, Actes Sud, 1989, p. 101.

[4] Joseph Conrad, *Lord Jim*, trad. H. Bordenave, in *Oeuvres*, Paris, Gal-

A imaginação verdadeira se opõe à verossimilhança inventada. Ela só se desdobra a partir de um núcleo de real: uma silhueta *característica* bem recortada numa luz franca; uma silhueta *atraente*, que carrega a virtualidade de uma história; uma silhueta *silenciosa*, que obriga o romancista a encontrar as palavras adequadas a dizer essa história. Para tanto é preciso uma única virtude específica, a simpatia. A simpatia é uma noção-chave no pensamento e na obra de Conrad, uma noção que une intimamente uma ética e uma estética. Decerto, essa noção não lhe é própria. É consubstancial à ficção moderna e percorreu todo o século XIX, ainda que mudando de natureza ao longo do caminho: a adesão panteísta à grande vida unânime, que a poesia hugoana ilustrava à perfeição, tornou-se a melancolia schopenhaueriana, que vê na piedade o sentimento melhor ajustado aos sofrimentos da vontade em busca da quimera destruidora de seus pretensos fins. A ficção conradiana se desdobra sobre o fundo de um robusto niilismo schopenhaueriano. Mas, em oposição à versão dominante, o romancista extrai daí uma visão totalmente positiva: a quimera não é a ilusão conhecida pelo sábio desenganado; é o real que põe os espíritos e os corpos em movimento e que se opõe às invenções e às racionalizações da verossimilhança. Esse real é o objeto próprio ao romancista "imaginativo". Sua "imaginação" é a construção de uma série de "imagens", de cenas sensíveis por meio das quais as personagens e as situações se retiram do universo da verossimilhança. Mas esse poder imaginativo pertence unicamente àqueles que renunciam à posição de domínio e se submetem à lei de um "sentir com", quando não de um "sofrer com". Escrever a história contida numa silhueta, esse modo de proceder por imaginação e "simpatia" se opõe com toda exatidão a um outro modo de proceder muito em voga no tempo de Conrad, aquele que lê num rosto os signos de um estado patológico. É a abordagem "científica" de Lombroso ou de Galton, que reconhece nos traços de uma fisionomia os signos indicadores da criminalidade ou da degenerescência. Esse interesse pelo crime e pelos signos que o indicam é estranho ao ro-

---

limard, "Bibliothèque de la Pléiade", t. 1, 1982, p. 829 [ed. bras.: *Lord Jim*, trad. Julieta Cupertino, Rio de Janeiro, Revan, 2002].

mancista. O que lhe interessa é a quimera, que produz tanto criminosos quanto mártires. É por isso que, em *Nostromo*, Conrad transformou o delinquente cuja história pouco edificante ele tinha escutado numa espécie de "porta-voz romântico do povo":[5] um cavaleiro perseguindo uma fantasia de glória que faz eco tanto à quimera revolucionária do velho garibaldiano que acabará por matá-lo quanto à quimera industrial de Gould, obstinado em tornar lucrativa uma mina herdada como um presente envenenado. É ao mesmo gênero que pertencem a quimera de honra que leva Jim à morte, o "puro espírito de aventura, sem cálculo nem praticidade",[6] do discípulo russo de Kurz, o absurdo sonho comercial de Almayer ou as vãs esperanças de Lingard para sua filha mestiça. Todos eles, o ex-aventureiro dos mares que se tornou um sedentário cidadão britânico pode imaginá-los porque um dia os "encontrou", porque pode simpatizar com suas quimeras, reconhecer nelas o real da ilusão ao qual um indivíduo sacrifica sua vida. Porém, há uma condição para isso: que essa quimera permaneça a quimera deles, a miragem real de uma vida. Simpatia e imaginação cessam juntas ali onde a quimera se transforma num programa que se propõe a trazer à humanidade ou a alguma de suas frações uma felicidade fundada na razão, na ciência ou no progresso.

É aí que a poética de Conrad se imbrica com sua política de um modo que parece à primeira vista paradoxal. Como o romancista que, com mais força que qualquer outro, descreveu, no *Coração das trevas*, as monstruosidades do sistema colonial pode manifestar uma oposição tão resoluta às doutrinas progressistas em luta contra as injustiças sofridas pelos condenados da terra? A resposta é simples: é que essas monstruosidades são elas próprias a aplicação da doutrina do progresso; é que é em nome dessas pa-

---

[5] "Carta a R. B. Cunninghame Graham", 31 de outubro de 1904, in *The Collected Letters of Joseph Conrad*, F. R. Karl e L. Davies (orgs.), Cambridge, Cambridge University Press, vol. 2, 1986, p. 175.

[6] Joseph Conrad, *Au coeur des ténèbres*, in *Romans*, trad. J. Deurbergue, Paris, Gallimard, "Bibliothèque de la Pléiade", t. 2, 1985, p. 119 [ed. bras.: *Coração das trevas*, trad. Julieta Cupertino, Rio de Janeiro, Revan, 2011].

lavras — palavras aprendidas, recitadas, recopiadas sem qualquer reflexão — que o missionário Kurz partiu para abolir os "costumes selvagens", que ele desconheceu a presença no fundo de si mesmo dessa "selvageria" que afirmava combater e continuou a escrever seus relatórios louvando a missão civilizadora do homem branco enquanto aceitava ser tratado como deus pelos indígenas e utilizava a fé idólatra deles para saciar o que não passava de uma vã febre de marfim. Com Kurz, a mentira verdadeira da quimera se transforma em mentira pura e simples, em adesão à presunção enganosa de uma missão histórica da civilização.

Kurz, no entanto, ainda permanece imaginável para quem subiu o Congo, sentiu o enigma escondido atrás das árvores que bordejam sua margem, percebeu na riba o turbilhão de membros negros, ouviu a explosão dos urros e as batidas dos pés e das mãos como que saídos da noite das primeiras eras, sentiu nos postos dos "civilizadores" a penosa ociosidade ao mesmo tempo que o cheiro de rapina ligado à palavra "marfim" pairando no ar e viu aqueles cortejos de negros acorrentados, forçados a carregar por trilhas escarpadas os materiais de uma estrada de ferro inútil. Quem fez isso pode "simpatizar" com Kurz porque provou, no encontro com a "selvageria", o sentimento de uma humanidade semelhante à nossa. Kurz experimentou aquela afinidade da humanidade ocidental conquistadora com a noite das primeiras eras. Foi até o limite da experiência daquele espírito humano que descobre que contém todos os possíveis. É por isso que seria fácil demais resumir sua história dizendo simplesmente, com os críticos de plantão, que o espírito de rapina do homem capitalista ocidental é a verdade prosaica da mentirosa missão civilizadora. Pois a verdade não é o contrário da quimera; é a quimera que é a própria verdade da experiência. E a quimera é a identidade dos contrários: o espírito de rapina que impele à conquista da terra *e* a única coisa que a redime: "uma ideia e uma fé desinteressada nessa ideia; algo que você pode erigir, diante do que você pode se ajoelhar e oferecer um sacrifício".[7] Kurz viveu essa identidade dos contrários, mas sem a

---

[7] *Ibid.*, p. 50.

reconhecer, sem poder expressá-la a não ser por uma palavra que desmente, num aparte, toda a eloquência humanitária de seus relatórios: "o horror". Porque ouviu o chamado enfeitiçado das margens do Congo, mas também porque soube, como Marlow, entreter-se com algum trabalho útil para resistir a esse chamado e enterrar "a coisa" que periga invadir os invasores, o romancista pode imaginar Kurz; pode escrever o afrontamento com a selvageria e a experiência daquele que passou para o outro lado. Pode fazer "com toda a simpatia de que é capaz" a história da quimera como rapina estúpida *e* como sacrifício absoluto à ideia. Pode fazer isso também por ser ele próprio o filho de uma quimera morta (a insurreição dos nobres poloneses contra o autocratismo russo), que proíbe a si mesmo qualquer sentimento relativo ao tempo longo "afora a fidelidade a uma causa absolutamente perdida, a uma ideia sem futuro".[8]

A descrição do horror colonial não pode servir, portanto, a nenhuma campanha progressista pela emancipação dos oprimidos. Pelo contrário, ela impede qualquer síntese que colocaria a crítica das mentiras do progresso a serviço do progresso verídico. Ela traça uma linha de partilha que só torna a nova ficção possível suprimindo a possibilidade de uma política emancipadora. Essa linha separa duas categorias de humanos: há aqueles que o romancista pode imaginar porque os encontrou ou conheceu os céus que os engendraram — aqueles que seguiram até o fim a lógica da quimera e assim consumiram suas vidas. E há os outros, aqueles que ele não pode imaginar, com os quais não pode simpatizar, porque nunca os encontrou nos caminhos onde se consome a chama da quimera. Estes, ele pode apenas inventar, o que quer dizer também, odiar. Pois a única figura sob a qual pode inventá-los é justamente a de seres de invenção — seres em quem a ideia não ganhou corpo de quimera, mas permaneceu no estado de ideia morta que pode ser manipulada e que manipula. A ideia morta tem, de fato, duas grandes figuras: a das palavras que são apenas fórmulas manipuláveis ao infinito, como aquelas ditadas incansavelmente no con-

[8] "Carta a R. B. Cunninghame Graham", 8 de fevereiro de 1899, in *The Collected Letters of Joseph Conrad*, *op. cit.*, vol. 2, p. 160.

forto de uma mansão genebrina pelo revolucionário exilado de *Sob os olhos do Ocidente*, ou as propostas incendiárias dos anarquistas reunidos nos fundos da loja londrina do agente secreto Verloc; e a dos planos de acontecimentos a organizar para produzir a estupefação e o temor naqueles que irão testemunhá-los. Essa figura da ideia é, poeticamente falando, a dos dramaturgos à moda antiga, aqueles que traduzem autoritariamente a ideia em sequências racionais de causas e efeitos. Mas é também, politicamente falando, a que os agentes da autocracia utilizam para manipular cinicamente indivíduos e situações a fim de produzir o temor que é para eles o único mecanismo da obediência, que, ela própria, é o único princípio da vida comum que podem conceber.

Aos quiméricos, cuja marcha rumo ao abismo se pode *imaginar*, opõem-se então os manipuladores de palavras e os manipuladores de homens, para os quais o romancista deve *inventar* uma intriga que só poderá ser uma intriga de manipulação. Essa é a constrição que pesa sobre os dois romances que Conrad situou explicitamente nos meios revolucionários, *Sob os olhos do Ocidente* e *O agente secreto*. Duas histórias de agentes duplos, dois romances do inimaginável, *stricto sensu*. A incapacidade do honesto professor de línguas de inventar a história do traidor Razumov resume uma lógica mais global de incompreensão em que podemos reconhecer a versão caricatural, a versão invertida das intrigas da quimera. Aqui também, tudo começa com uma silhueta. Mas a mola propulsora da intriga é fornecida pela má interpretação da mensagem passada por essa silhueta. Os revolucionários terroristas para quem a quimera se reduziu à ideia fixa do ato violento, necessário e suficiente para acabar com a autocracia, acreditam ver no jeito reservado do pacato estudante Razumov a profundidade de pensamento de um homem que partilha secretamente as convicções deles. Se Razumov os trai, é, ao contrário, por incapacidade de imaginar as motivações desses homens que acreditam poder mudar a sociedade, "como se alguma coisa pudesse ser mudada!".[9] Mas essa dupla incompreensão faz de Razumov o mais inverossímil dos agentes duplos. De fato, ele faz exatamente o contrário do

---

[9] Joseph Conrad, *Sous les yeux d'Occident*, *op. cit.*, t. 3, 1987, p. 744.

que sua função implica: não para de se irritar com esses revolucionários que lhe dizem ter, logo à primeira vista, reconhecido nele um homem em quem podiam confiar; escreve seus relatórios para a polícia num jardim público e acaba por confessar sua traição justo no momento em que o culpado ideal que o livra de toda suspeita foi encontrado. Conrad, assim como seu narrador, não pode imaginar Razumov, nem compreender os revolucionários que confiam nele. A única personagem com quem consegue simpatizar, a única personagem "simpática", é a "dama de companhia", a mulher sem nome, movida unicamente pela necessidade de se devotar absolutamente — a esse povo encontrado sob a figura de uma menininha em farrapos mendigando ao crepúsculo, ao jovem operário torturado pela polícia que morreu entre seus braços, ao professor cujos pensamentos transcreve, ao traidor Razumov que ela socorrerá em sua vida derradeira de inválido — e que só teme uma coisa: não dar sua vida pela causa, mas ver as ilusões que a fazem viver destruídas pelo comportamento mesquinho de um revolucionário bem-falante.

Esses bem-falantes exibem precisamente sua eloquência nas páginas de *O agente secreto*, inimaginável história de um atentado anarquista inventada por um escritor que deixou bem claro nunca ter encontrado anarquistas e não poder, consequentemente, imaginar as razões da ação destes. Mas se não pode imaginar suas razões de agir, não pode verdadeiramente fazê-los agir; e, de fato, os tagarelas que peroram sobre a exploração e a emancipação social nos fundos da loja do agente secreto Verloc — o apóstolo Michaelis, o companheiro Ossipon e o terrorista Yundt — são completamente incapazes de executar um atentado anarquista. De qualquer modo, o caminho da concepção à execução deste passa por uma singular divisão do trabalho. A concepção do atentado é obra de um diplomata de uma potência estrangeira não nomeada, mas que é fácil identificar como sendo a pátria do cinismo manipulador, o império autocrático russo. Este arma o atentado "anarquista" para obrigar a liberal Inglaterra a suspender sua tolerância para com os revolucionários exilados. Mas quer, para causar um verdadeiro terror, inventar uma intriga inédita, inimaginável: um atentado que não vise os alvos esperados — poder de Estado ou poder financeiro — e sim um alvo suficientemente absurdo para dar a ideia de um inimigo capaz de tudo. O alvo é então a ciência, encarnada, no caso, pelo meridiano de Greenwich. A execução do plano evidentemente não é confiada aos doutrinários da anarquia, mas sim ao agente duplo Verloc, cuja única motivação é não perder os subsídios da embaixada. Para arranjar o explosivo, ele recorrerá a um professor que não tem outro objetivo além da destruição radical e não imagina outro meio para tanto além da elaboração de engenhocas cada vez mais aperfeiçoadas. E o explosivo, por sua vez, será posto nas mãos de um rapaz de espírito simplório, o jovem cunhado de Verloc, o único ser "simpático" sobre o qual os discursos inflamados dos fundos da loja fazem efeito, mas também o menos capaz de compreender a delicadeza da máquina infernal que está transportando. Stevie cairá acidentalmente com a caixa. Seu corpo será estraçalhado, mas o atentado falhará, e é num plano estritamente doméstico que o desenlace ocorrerá: a mulher de Verloc vai matar o marido para vingar seu irmão e se suicidar depois de ter confiado o dinheiro ao tagarela Ossipon. Este, por sua vez, irá doá-lo ao "professor", o homem que é movido unicamente pelo desprezo ao gênero humano e o desejo de acabar com ele por meio de explosivos aperfeiçoados. É com a visão desse inimigo do gênero humano escondido na multidão londrina que o livro termina: "Ele não tinha futuro. Desprezava-o. Ele era uma força. Seus pensamentos acariciavam as imagens de ruína e destruição. Andava, frágil, insignificante, maltrapilho, miserável — e terrível na simplicidade de sua ideia que fazia apelo à loucura e ao desespero para a regeneração do mundo. Ninguém olhava para ele. Passava insuspeitado e mortífero, como uma peste, na rua cheia de homens".[10]

Esse juízo final a respeito do professor apóstolo da destruição é também o juízo final do romancista sobre os fantoches que teve de inventar. Mas seria tolice acusá-lo de ter caricaturado, por preconceito reacionário, militantes anarquistas que ele próprio admi-

---

[10] Joseph Conrad, *L'Agent secret*, trad. S. Monod, Paris, Gallimard, "Bibliothèque de la Pléiade", t. 3, 1987, p. 274 [ed. bras.: *O agente secreto*, trad. Paulo César Castanheira, Rio de Janeiro, Revan, 2002].

te nunca ter encontrado. Pois o que se exprime aí não é apenas o ódio do emigrado bem integrado ao país da monarquia liberal aos apóstolos e praticantes da destruição radical. É o ódio do novo romancista pelas personagens que foi obrigado a inventar à maneira antiga por não poder continuar acompanhando os aventureiros quiméricos pelos mares e rios longínquos. Os tagarelas anarquistas, os burocratas manipuladores da autocracia, os fabricantes "científicos" de explosivos ou os profetas da destruição conspiram para a mesma obra de morte: não somente a morte da civilização liberal, mas a da louca quimera que foge da prudente sabedoria liberal e fornece à nova ficção sua matéria. Porém, fazem ainda pior: obrigam o romancista a se tornar cúmplice dessa destruição. Obrigam-no a inventar histórias de manipulações extravagantes e a dar corpos sem carne a abstrações extraídas de textos mortos. Fazem também dele um agente duplo, trabalhando para a obra de invenção — a obra de manipulação — que acaba matando a quimera dos Jim, dos Axel Heyst, dos Tom Lingard e até dos Kurz. A violência do parágrafo final de *O agente secreto* não se deixa explicar em termos de preconceito político ou de antipatia pessoal. Simpatia e antipatia não são sentimentos subjetivos. São maneiras de ser com suas personagens ou de não poder sê-lo. A evocação do professor niilista passando na rua da capital inglesa, miserável e desapercebido como a peste, é exatamente simétrica, exatamente oposta à evocação final do aventureiro quimérico Jim, desvencilhando-se dos braços da mulher amada para realizar finalmente, na morte, seu sonho de heroísmo cavalheiresco. A silhueta de Jim engendraria todo um universo ficcional, um universo semelhante à própria incoerência da vida e da quimera que a redime. A do "professor" permanece desapercebida no cenário da metrópole. Não engendra nenhum universo de imagens e de sensações. É preciso, portanto, inventar uma personagem para ela e atribuir a essa personagem um comportamento possível e motivações verossímeis, isto é, sem verdade. Diante das exigências dessa invenção, como não evocar o julgamento inapelável proferido pelo escritor Joseph Conrad, na época em que estava escrevendo *A loucura do Almayer*, sobre a obra de um de seus colegas: "Nem um só episódio, acontecimento, pensamento ou fala, nem um só acento de alegria ou de tristeza é inevitável [...]. Tudo é possível — mas a marca da verdade não está na possibilidade das coisas. Está na sua inevitabilidade. A inevitabilidade é a única certeza. É a própria essência da vida — assim como dos sonhos"?[11] Inventar os planos cínicos e absurdos do diplomata, os pensamentos niilistas do "professor", os discursos humanitários de Michaelis ou os atos crapulosos de Ossipon não será renunciar à verdade exclusiva do inevitável e aderir à bandeira mentirosa do possível? Já não se sabe então, ao ler a caricatural história dos fantoches anarquistas, se é o honesto cidadão britânico Joseph Conrad que expressa seu horror pela desordem revolucionária ou se é o escritor aventureiro Joseph Conrad que se vinga por ter sido mandado de volta por seu próprio tema para a estrada batida da antiga poética. Mas há nesse ressentimento algo que supera de longe os sentimentos pessoais de um autor: a brecha introduzida no velho parentesco entre o necessário e o verossímil. O verossímil inventado tornou-se o contrário do necessário que, este, não se inventa, pois é a essência comum da vida e dos sonhos. Ele se tornou o inimaginável: uma questão de manipuladores e já não mais de artistas. A linha que separa a imaginação da invenção separa também o escritor do agente duplo.

---

[11] "Carta a F. Unwin", 22 de julho de 1896, in *The Collected Letters of Joseph Conrad*, *op. cit.*, vol. 1, pp. 302-3.

PAISAGENS DE PAPEL

Pelo que se reconhece uma ficção? *Os anéis de Saturno* de Sebald contam uma viagem feita pelo autor numa data bem precisa, o fim do mês de agosto de 1992, num perímetro bem identificado ao redor da cidade de Norwich, no leste da Inglaterra. O leitor pode facilmente verificar que o autor era na época professor na Universidade de East Anglia, em Norwich. Verificará também a realidade dos lugares que ele nos diz ter visitado — o castelo de Somerleyton, a estação balneária outrora elegante de Lowestoft, a cidade morta de Dunwich, as instalações militares abandonadas de Orfordness... — e a existência efetiva de colegas que evoca ou de pessoas que diz ter visitado em seu caminho — o poeta e tradutor Michael Hamburger ou o artista autodidata Alec Garrard, ocupado em fazer a reprodução exata do templo de Jerusalém. As etapas da viagem fornecem a ocasião para evocar seja outras viagens do narrador, seja acontecimentos do passado ligados aos lugares percorridos e igualmente atestados: os amores contrariados do emigrado Chateaubriand com a jovem filha de um pastor, os esplendores do castelo de Somerleyton nos tempos do empreendedor Morton Peto, a passagem por Dunwich do excêntrico Algernon Swinburne, a residência, também em Dunwich, do tradutor inglês dos *Rubaiyat* de Omar Khayyâm... Ele ilustra sua narrativa com numerosas fotografias: suvenires que atestam a realidade do que viu — uma codorna chinesa atrás de uma grade em Somerleyton —, cartões-postais que autenticam suas descrições ou documentos de arquivo que ilustram suas digressões históricas. Os dez episódios do livro parecem assim compor uma reportagem poética sobre um território e sobre a história que se acha condensada ali. E, de fato, o autor os destinava inicialmente a esses "folhetins" do *Frankfurter Allgemeine Zeitung* em que escritores escolhidos costuram em torno de um lugar, de uma obra ou de um acontecimento um elegante arabesco de narração, de reflexão e de devaneio. Que essas dez jornadas reverberem discretamente os dez *Devaneios do caminhante solitário* de Jean-Jacques Rousseau não é, evidentemente, algo que se contraponha a sua destinação inicial.

Aconteceu, no entanto, com os dez folhetins inicialmente imaginados por Sebald o mesmo que com a reportagem sobre os meeiros do Alabama que James Agee devia entregar à revista *Fortune*: tornou-se um desses livros ditos inclassificáveis, em que a narração multiplica as digressões, estanca na exposição fascinada de detalhes sem significação, ou se dissipa num devaneio que atravessa sem regras os espaços e os tempos. Mas é preciso justamente se perguntar se esse gênero de escritos que a preguiça mental chama de inclassificáveis não define um novo gênero da ficção cujas características seriam enunciáveis a partir de obras como *Os anéis de Saturno*. Pois o livro opera uma série de desvios que formam sistema e constroem a topografia da ficção que funciona, como percebemos retrospectivamente, através deles.

Os contornos evanescentes dessa topografia são dados desde o primeiro parágrafo do primeiro episódio. Tudo começa com uma data que se dá como a do início de uma viagem: "Em agosto de 1992, quando os dias de canícula estavam chegando ao fim, lancei-me numa viagem a pé pelo leste da Inglaterra".[1] Uma data é sempre um indicador de realidade. Resta saber de que realidade. Quando Flaubert faz a narrativa de *A educação sentimental* começar "no dia 15 de setembro de 1840, por volta das seis da manhã", a indicação precisa não visa fazer os leitores acreditarem na existência real da viagem realizada por Frédéric Moreau naquela manhã. Não se destina a ancorar a história do jovem bacharel na realidade vivida, mas, pelo contrário, a separá-la dela, a fixar, no curso ordinário do tempo, um ponto a partir do qual uma sequência temporal específica se autonomiza. O real que se quer marcar é

[1] W. G. Sebald, *Les Anneaux de Saturne*, trad. B. Kreiss, Paris, Folio/Gallimard, 2007, p. 13 [ed. bras.: *Os anéis de Saturno*, trad. José Marcos Macedo, São Paulo, Companhia das Letras, 2010].

o da ficção. Houve um tempo em que essa marcação era evidente. A ficção se anunciava ela própria pela especificidade das personagens e das aventuras que inventava, e sobretudo por sua estrutura temporal: ela correspondia a seu conceito quando a sucessão dos acontecimentos obedecia a um encadeamento de causas e de efeitos dotado de uma necessidade superior ao desenrolar dos acontecimentos da vida ordinária. Foi essa super-racionalidade que se perdeu quando o romance, no século XIX, mergulhou no universo das coisas ordinárias e do tempo ocioso. O tempo da ficção deixou de ser estruturado pelo encadeamento das causas e dos efeitos. Passou a formar um só bloco a partir de seu ponto de partida, como que percorrido pelo sopro de uma mesma modalidade de existência.

A datação aparentemente anódina que abre *Os anéis de Saturno* obedece a esse estatuto moderno do tempo ficcional. Não temos nenhuma razão particular para pôr em dúvida que o autor tenha efetivamente pegado a estrada depois de um período de grande calor no fim de agosto de 1992. Mas tampouco podemos ignorar a relação do tempo que ele intenta colocar em narrativa com o tempo "entorpecido pela ociosidade do domingo e pela tristeza dos dias de verão" que abre *Bouvard e Pécuchet*. E nada nos impede de ouvir nos dez episódios da viagem do professor pela costa inglesa o eco das explorações em dez capítulos dos dois copistas que percorrem os campos normandos à procura de curiosidades arqueológicas ou as margens do Canal da Mancha em busca de descobertas geológicas. É verdade que o relato de viagem, iniciado sob o mesmo signo da canícula e do tempo vazio, se afasta logo de saída da grande camada homogênea de frases que unia numa mesma respiração e numa mesma tonalidade a diversidade das excursões de Bouvard e Pécuchet ao país do saber. Não é que a viagem do professor seja mais ordenada que a dos dois autodidatas. Muito pelo contrário, nela a ordem dos tempos é embaralhada desde o primeiro parágrafo, visto que o narrador, antes mesmo de nos conduzir à primeira etapa de sua viagem, nos fala da doença nervosa que resultou dela um ano depois e descreve para nós o quadrado de céu visto naquela ocasião de seu quarto de hospital. A partir daí, o primeiro episódio se desenrola como uma série de digressões que nos levam da evocação de dois colegas, uma pesquisadora da obra de Flaubert e um especialista em Ramuz, mortos na época em que ele estava no hospital, à procura do crânio de Thomas Browne, escritor e médico inglês do século XVII, supostamente conservado no museu do hospital, depois à *Lição de anatomia* de Rembrandt e à cena real da lição do doutor Tulp a que Thomas Browne pode ter assistido quando de passagem por Amsterdã, para terminar com o tratado consagrado por este à história das incinerações e das urnas funerárias. Assim, a narração não parou de se afastar da viagem anunciada. Transportou-nos um ano depois antes de nos conduzir a uma obra escrita há mais de trezentos anos e consagrada ela própria a uma pesquisa que se perde na noite dos tempos e dos mitos.

Mas essa desordem dos tempos define rigorosamente uma outra ordem, uma outra maneira de ligar viagem, tempo e saber. Essa outra maneira é alegorizada numa das primeiras lembranças evocadas pelo narrador: o quarto de sua falecida colega, Janine Dakyns, que não por acaso era especialista em Flaubert. Em seu escritório tinha se formado, nos diz ele, uma verdadeira paisagem de papel, um cenário de montanhas e de vales que, à maneira de uma geleira, despejavam-se no chão onde, lentamente, tinham se acumulado vários estratos de papéis que a seguir subiam pelas paredes e refletiam como um campo de neve a luz declinante do crepúsculo. Esse papel que desabava das mesas e invadia o assoalho tinha deixado à pesquisadora como espaço de trabalho uma única cadeira onde ela escrevia sobre os próprios joelhos, semelhante, como lhe diz um dia o narrador, ao anjo da melancolia de Dürer, imóvel "entre os instrumentos da destruição".[2] Ela, contudo, refutou essa assimilação: a desordem aparente desse empilhamento era para ela o caminho de uma perfeita ordem. O mesmo acontecia, nos diz Sebald em outro momento, com o ateliê do pintor Max Aurac, inventado em *Os emigrantes* como o duplo de um pintor bem real, cujos quadros se sobrecarregam de empastamentos sucessivos, regularmente raspados para dar lugar a novos empastamentos, cujos detritos cobrem o chão do ateliê.

[2] *Ibid.*, p. 21.

Essas duas descrições são também indicações de método para a escrita de Sebald e para nossa maneira de o ler. Sempre se pode, a propósito de um livro colocado sob o signo de Saturno, invocar o luto, o trauma e a melancolia, e convocar o anjo de Dürer e o *Angelus Novus* de Klee, de olhos esbugalhados, segundo Benjamin, diante da acumulação de ruínas do "progresso" que "frente a ele se eleva até o céu". Mas é preciso dar ouvidos à lição da especialista em Flaubert e à do pintor que volta ao trabalho dia após dia para acrescentar a sua tela novos empastamentos e os raspar novamente. Não se trata de permanecer imóvel sobre sua cadeira nem de inscrever sobre sua tela ou sua tabuleta o choque do irreparável. A destruição com que o artista lida, é preciso antes imaginá-la, à maneira de um Flaubert reinventado expressamente para a circunstância, como uma nuvem saariana de areia atravessando mares e continentes para voltar a cair como chuva de cinzas sobre o jardim das Tuileries ou um vilarejo da Normandia. A paisagem de papel movediço é a desordem posta em ação por aqueles que recusam o soterramento na areia, mas também por aqueles que se mantêm sempre à beira desse esvanecimento. É o que nos diz o primeiro parágrafo do livro, esse falso ponto de partida que termina um ano depois num quarto de hospital onde os vastos espaços "percorridos no verão anterior" se retraíram até se tornarem "um único ponto cego e surdo".[3] Há uma razão para isso, nos diz o autor. A bela liberdade de movimento de que ele gozou durante essa excursão ao redor de Norwich se fez acompanhar do horror paralisante que se apossou dele "ao constatar que também aqui, nessas paragens remotas, os rastros da destruição remontavam até o mais longínquo passado".[4] A destruição certamente é o problema do escritor e, antes de tudo, é claro, a destruição dos judeus da Europa, que é como o segredo silenciosamente soterrado sob as paisagens idílicas dos Alpes bávaros onde ele viveu sua infância, silêncio do qual o intelectual quis fugir quando foi viver na Inglaterra e dar aula numa universidade de ponta recentemente instalada no cora-

---

[3] *Ibid.*, p. 14.

[4] *Ibid.*, p. 13.

ção de uma região industrial em declínio. É ao redor dessa destruição que giram seus livros, ao redor do destino daqueles que partiram e nunca voltaram, daqueles que conseguiram fugir e, principalmente, daquelas crianças que foram enviadas *in extremis* por seus pais em trens especiais com destino à Inglaterra, onde algumas perderam seu nome e até mesmo sua memória.

No entanto, *Os anéis de Saturno* testemunham essa história de um jeito estranho. No exílio da família Hamburger, que deixa Berlim em 1933, o momento mais dramático é o do confisco de um par de periquitos pelos agentes aduaneiros ingleses na chegada a Douvres. E o extermínio só é evocado por uma fotografia célebre, os cadáveres estirados à sombra dos pinheiros de Bergen-Belsen, bem isolada em sua página dupla como se fosse a geradora do texto e não sua ilustração. O texto em si nos fala das excentricidades de um ex-major do exército britânico que se retirou numa propriedade do condado de Suffolk depois de ter servido na unidade que liberou Bergen-Belsen: nos anos 1950, ele dispensou todos os empregados da casa e do jardim para ficar na companhia de uma única governanta e cozinheira a quem prometeu deixar toda a sua fortuna com a condição expressa de que partilhasse com ele suas refeições guardando um silêncio absoluto. A história do major vem após um longo excurso consagrado à pesca do arenque e à significação simbólica desse peixe como emblema da produtividade indestrutível da natureza, e que é apresentado como a lembrança de um artigo consagrado à morte do excêntrico major, trazido à memória do viajante pela visão de um lago salobro semelhante àquele à beira do qual se erguia a propriedade do militar. Fechado o parêntese, o passeio prossegue com a escalada de uma falésia, a visão de uma vara de porcos que recorda um episódio do Evangelho de Marcos e diversas visões ou alucinações à beira da falésia que embaralham as referências do real e evocam os mundos imaginários de Tlön, destinados a apagar o mundo conhecido. O episódio termina assim num ápice que lança uma dúvida retrospectiva sobre a história do major, história que, no entanto, uma fotografia recortada de jornal tinha atestado aos olhos do leitor.

O recorte de jornal parece, de fato, ter sido inventado, assim como a história do major e diversos outros encontros ou leituras do narrador. Mas o estatuto ambíguo dos textos ou das imagens que atestam a narrativa indica precisamente um deslocamento do sentido da ficção. Não há razão para opor o que um cérebro inventou ao que realmente existiu. Pois o mundo cuja realidade experimentamos cotidianamente não passa ele próprio do recobrimento do mundo natural por aquele que o cérebro humano produziu. Vivemos na "linha de fratura entre o mundo da natureza [...] e esse outro mundo que é gerado por nossas células nervosas".[5] Bergen-Belsen, como Tlön, é uma invenção do cérebro humano. A viagem da ficção pode então se definir como a construção de um tecido próprio a interligar essas invenções. Vão dizer que é indecente alinhar sob a mesma noção de invenção as criações de um escritor imaginativo e a obra de morte dos carrascos nazistas. Além do mais, sabe-se que nunca cessou a polêmica a respeito do direito de representar o extremo da destruição, de inventar histórias sobre ele ou mesmo simplesmente de produzir imagens. Ora, acontece que o método de Sebald varre essas querelas logo de saída. A questão não é saber o que se tem ou não o direito de representar. Os sofrimentos provocados pela obra de destruição excedem, de qualquer forma, nossas faculdades de representação. Ele próprio o diz, no episódio seguinte, a propósito dos quadros holandeses de batalha naval. Também o diz em outras ocasiões a propósito dos relatos de bombardeios e de cidades incendiadas: o relato dos sofrimentos padecidos pelos humanos é usualmente tecido por estereótipos já que o que foi vivido excede o que pode ser dito. É por isso que o testemunho mais convincente sobre a destruição de Berlim é um relato do bombardeio do zoológico e das reações de animais desvairados: elefantes tentando romper suas correntes ou répteis se contorcendo de dor na escadaria dos visitantes. Os humanos não dispõem de estereótipos "vividos" do sofrimento animal.[6] É por isso também que a imagem mais eloquente da des-

---

[5] *L'Archéologue de la mémoire. Conversations avec W. G. Sebald*, Lynne Sharon Schwartz (org.), trad. D. Chartier e P. Charbonneau, Arles, Actes Sud, 2009, p. 59.

[6] W. G. Sebald, *De la destruction comme élément de l'histoire naturelle*, trad. P. Charbonneau, Arles, Actes Sud, 2004, pp. 96-7.

truição de Colônia é a fotografia de uma rua transformada num caminho vazio invadido pelo mato.[7] Esse retorno da natureza que prolifera depois da guerra nas ruínas das cidades alemãs, Sebald gosta de opô-lo ao retorno de um outro fenômeno natural, a "vida social": a vida de homens prontos "a esquecer aquilo que não querem saber, a desviar o olhar daquilo que têm diante deles"[8] para construir, sobre as ruínas enterradas de uma vontade de destruição, a inocente prosperidade de um milagre econômico.

É a partir desse esquecimento que se deve pensar o trabalho da ficção. Não se trata simplesmente de guardar memória. Trata-se de construir uma memória que insira em uma topografia justa a imagem do campo nas ruas de Colônia e a dos corpos alinhados à sombra aprazível dos pinheiros de Bergen-Belsen. Essa topografia da memória, que é também uma topografia da ficção, Sebald a define como o encontro entre duas placas tectônicas. É esse encontro que organiza a viagem a pé do escritor. A natureza que ele percorre não é um refúgio para caminhantes solitários deixando para trás a maldade humana. É o lugar que dá testemunho da obra humana de construção/destruição, mas é também a potência que, por sua vez, se aplica incessantemente a destruir essa obra que a destrói. A visita ao campo é uma viagem pela linha de fratura entre a história da natureza e a história daquilo que as "células nervosas" humanas acrescentaram a ela: as construções que destruíram ou transformaram a natureza para o uso da moradia, da indústria e do prazer humanos, mas também aquelas que foram especialmente concebidas para a destruição de outros seres humanos. Ambas não pararam de ser elas mesmas submetidas à potência de destruição própria a essa natureza que destruíam. E é a história desse combate que a viagem ficcional/memorial acompanha. Pois a memória não é feita de lembranças, e sim de rastros materialmente inscritos num território. Em qualquer lugar é possível retraçar o combate entre a obra produtora/destruidora da natureza e a obra produtora/destruidora das células nervosas humanas. Percorrendo

---

[7] *Ibid.*, p. 47.

[8] *Ibid.*, p. 48.

o campo que se estende entre Norwich e o Mar do Norte, que chegou a ser chamado por lá de *German Ocean*, e caminhando alguns quilômetros ao longo da costa de Suffolk é possível redescobrir séculos de história inscritos ou enterrados na paisagem e compor uma topografia completa dos encontros e dos combates entre história natural e história humana. O viajante percorre assim os restos dos poços e dos moinhos de vento que se espalhavam outrora pelos campos como atividades industriosas, mas também como manchas de luz na paisagem, antes de serem abandonados entre as duas guerras mundiais. Detém-se para visitar o castelo de Somerleyton, antiga senhoria feudal reconstruída no século XIX por Morton Peto, efêmero magnata das ferrovias, como um palácio oriental de sonho com estufas iluminadas por lâmpadas de Argand onde a natureza e a obra de arte se confundiam, mas onde hoje o principal encanto vem do atulhamento de coisas inúteis acumuladas geração após geração, como à espera de um leilão, enquanto as árvores plantadas pelo industrial prosseguem, lá fora, sua obra de reconquista. Ele para em Lowestoft, porto outrora florescente, que se tornou no tempo dos esplendores de Morton Peto uma estação balneária modelo por seus *bowling greens*, jardins botânicos, biblioteca, casa de chá ou salão de concertos tanto quanto por seus banhos de mar e de água doce. Dirige-se em seguida a Dunwich, que foi, antes de ser progressivamente engolido pelas águas, um grande porto que contava na Idade Média com "mais de cinquenta igrejas, monastérios e hospitais, docas e fortificações, uma frota de pesca e de comércio de oitenta barcos e dezenas de moinhos de vento".[9] Chega então a Felixtowe, destino apreciado no início do século XX pela família do Kaiser e que teria se tornado uma estação balneária de alta classe para a elite alemã se a Primeira Guerra não tivesse acabado com o recrutamento de turistas antes de pôr um termo ao reinado dos Hohenzollern. A viagem termina, não sem evocar de passagem a tempestade devastadora de 1987 naquela cidade de Norwich que foi, no século XVIII, um centro de tecelagem de seda, cujos produtos pareciam ser obra da própria

[9] W. G. Sebald, *Les Anneaux de Saturne*, *op. cit.*, p. 204.

natureza para aqueles que, de São Petersburgo a Sevilha, contemplavam suas amostras.

Em toda sua extensão, essa viagem ao país das construções engolidas pelo campo ou pelo mar se faz acompanhar por uma arqueologia dos empreendimentos bélicos. Esta começa no jardim de Somerleyton, onde um hipotético jardineiro evoca para o viajante os setenta aeroportos construídos depois de 1940 apenas no território de East Anglia. Prossegue em Henstead com a problemática história do major que teria liberado Bergen-Belsen, depois em Southwold, em cuja baía deu-se em 1672 uma bem documentada batalha naval contra a frota holandesa. Atinge seu paroxismo com a visita clandestina às instalações militares de Orfordness que, nos anos do pós-guerra, substituíram as indústrias desaparecidas antes de serem elas próprias abandonadas e se tornarem uma paisagem fantástica com suas construções em forma de templos ou de pagodes cuja função se tornou indecifrável e que oferecem "a imagem de uma misteriosa ilha dos mortos", cemitério de uma civilização "aniquilada durante uma catástrofe futura".[10] Assim se veem ilustradas as reflexões do caminhante na charneca: "as máquinas concebidas por nós têm, como nossos corpos e como nossa nostalgia, um coração que se consome lentamente".[11]

A partir de cada ponto da costa, de cada encontro ou leitura, real ou imaginária, o círculo dessa consumpção parece, aliás, ampliar-se. Um livro da obsoleta Sailor's Reading Room, de Southwold, ilustra a carnificina da Primeira Guerra Mundial. Um jornal lido no hotel, na tarde do mesmo dia, recorda as atrocidades cometidas durante a Segunda pelos Ustaše croatas. Um programa de televisão durante o qual o narrador diz ter adormecido lhe permite evocar o encontro nas profundezas do Congo entre Joseph Conrad e Roger Casement, que denunciou os crimes da colonização belga antes de abraçar a causa irlandesa e morrer enforcado por crime de alta traição. Esse desvio autoriza mais um, por outro território de violência e exílio, a Polônia do jovem Conrad. A ponte

---

[10] *Ibid.*, p. 308.

[11] *Ibid.*, p. 221.

sobre o rio Blyth, construída em 1875, inicia um imenso desvio pela estrada de ferro que naquela época a atravessava, e parece ter sido inicialmente concebida para um imperador chinês apaixonado pela modernidade: ocasião para evocar uma longa história de violências que passa pela Rebelião Taiping, as guerras do ópio, a destruição do Palácio de Verão pelas tropas franco-inglesas e os crimes da imperatriz regente.

A narrativa das crueldades da imperatriz comporta, no entanto, um singular momento de devaneio: a visão da soberana calmamente sentada ao cair da noite no meio das salas do palácio destinadas à cultura de bichos-da-seda e "escutando com devoção o rumor devastador, ao mesmo tempo fraco, regular e extraordinariamente apaziguador, produzido pelas inumeráveis lagartas triturando as flores frescas de amoreira".[12] Decerto, para a imperatriz, esse rumor devastador evoca apenas a ideia de um povo de trabalhadores totalmente submetido à sua tarefa. Porém, para o narrador e para seus leitores, ele marca o ponto a partir do qual a crônica das destruições pode se inverter. A finalidade da viagem através dos campos ingleses não é nos recordar a interminável história das destruições humanas. É tecer, a seu propósito mas também em oposição a ela, o fio de um outro laço entre as invenções humanas. Um livro "inclassificável" é antes de tudo um livro que reconduz a ficção a seu cerne. Esse cerne não é a fabricação de intrigas, mas o tecer do próprio laço que permite fabricá-las: o laço entre o que se passa em tal momento em tal lugar e o que se passa num outro momento nesse mesmo lugar, no mesmo momento em outro lugar ou num outro momento em outro lugar. Esse retorno da ficção a seu cerne é aqui particularmente apropriado a seu objeto, a história das destruições. Esta é, de fato, a história de uma certa relação do espaço com o tempo: os humanos não pararam de construir, nas alturas, edifícios destinados a ser destruídos e enterrados e, segundo a mesma lógica, armas destinadas a destruir e enterrar outros humanos. Essa história das construções fadadas à destruição é o que se chama de progresso: o poder exercido pelo tempo sobre o espaço, o poder da força que incessantemente su-

[12] *Ibid.*, pp. 197-8.

prime esses momentos, ainda que para tanto tenha que transformar essa operação em movimento rumo a um fim a atingir. Esse modelo do progresso é também o modelo da ficção clássica, sempre tensionada para um fim a atingir. Feliz ou doloroso, esse fim impõe em todo caso a ordem a ser seguida e todas as eliminações necessárias a seu bom desenrolar. Ele é habitado pelo modelo da construção fadada à destruição. É precisamente isso que resume o princípio ficcional mor postulado por Aristóteles: o princípio da peripécia que inverte os efeitos esperados do encadeamento das causas. Se há uma ficção moderna, a maneira mais breve de defini-la é pela supressão da peripécia. Nela, o tempo parou de se precipitar para seu fim, parou de, como Saturno, devorar seus filhos. O "momento qualquer" formulado por Auerbach como princípio da ficção de Virginia Woolf é isto: o momento que não constrói nem destrói mais nada, que não aponta para nenhum fim, que se dilata ao infinito, incluindo virtualmente todo e qualquer outro tempo e todo e qualquer outro lugar. Um tempo da coexistência, ganho pela liberalidade do espaço.

É essa inversão que a viagem de *Os anéis de Saturno* coloca em ficção, uma ficção que é sua própria metaficção. O deslocamento no espaço não é a simples ocasião para ir de um lugar para outro. É antes de tudo uma maneira de construir a ficção como antidestruição, de construí-la como horizontalidade radical. Em cada lugar, é possível contradizer o processo de construção/destruição de que esse lugar dá testemunho. Isso é possível tecendo o laço que o une horizontalmente a um outro lugar e a um outro tempo, mas também ligando o testemunho documental sobre aquilo que esse lugar apresenta com uma profusão de formas de escrita que tecem os laços da presença com a ausência e atam diferentemente as modalidades do possível, do real e do necessário. Em cada ponto, facilmente localizável na costa de um pequeno condado inglês, é possível encontrar o ponto de partida de uma digressão infinita que enlaça esse lugar e sua história a uma profusão de lugares e de tempos diferentes mas comparáveis, de relatos sérios ou fantasiosos, de documentos de história, de coleções de objetos-testemunho ou de mitos perdidos na noite dos tempos. A digressão é de regra, é inclusive *a* regra, e pouco importa o que fornece ocasião para ela. Um prospecto a respeito da estrada de ferro sobre o Blyth fornece o ponto de partida para o longo episódio chinês. Os livros da Sailor's Reading Room conduzem, a crer no viajante, até o atentado de Sarajevo. Mas às vezes é a própria ausência de laço que faz laço. Assim, o narrador, depois de ter evocado as batalhas navais do passado entre Inglaterra e Holanda, nos diz que era impossível para ele, naquela noite sobre a colina *Gun Hill* de Southwold, acreditar que exatamente um ano antes ele estava no litoral, do lado holandês, olhando para a Inglaterra. Assim começa uma longa série de digressões que afasta sistematicamente a temporada holandesa de sua finalidade declarada — estudar de perto a *Lição de anatomia do doutor Tulp* — para se estender sobre diversos episódios que traçam ao redor do quadro mal visto uma série de teias de aranha que nos arrastam para tempos antigos ou continentes distantes: uma noite agitada num bairro habitado por imigrantes asiáticos, uma evocação da história da Mauritshuis — a casa que Maurício de Nassau mandou construir em Haia quando estava no Brasil, onde era governador —, na inauguração da qual onze índios trazidos diretamente dessas terras teriam executado uma dança que sugeria aos burgueses de Haia a imensidão de seu império; uma caminhada até a praia de Scheveningen seguindo os rastros apagados do país encantador descrito por Diderot; a visão a partir da praia do Grande Hotel Kurhaus transformado em caravançará; notas tomadas no hotel sobre o relicário de São Sebaldo visto anteriormente em Nuremberg; uma evocação, através da leitura de Lévi-Strauss, das ruas de São Paulo em ruína invadidas pela vegetação; um grupo de africanos vestindo túnicas brancas no aeroporto; um senhor olhando em seu jornal a imagem de uma erupção vulcânica em tudo semelhante a um cogumelo atômico; e o relato de um trajeto de volta de avião em que a paisagem vista do céu se mostra semelhante ao que é em toda travessia aérea: um território onde o homem desapareceu no cenário que criou.

Assim a ficção se desenrola não como encadeamento dos tempos, e sim como relação entre lugares. Mas também cada lugar é várias coisas ao mesmo tempo, e a ficção se constrói como uma relação entre várias formas de realidade. A viagem holandesa que liga à distância vários episódios do livro é assim uma profusão de viagens ao mesmo tempo. A Holanda é o país do outro lado do mar; é a terra dos pintores, abençoada pelas Luzes, mas também o centro do grande império comercial e colonizador que tornou os esplendores pictóricos e os progressos das Luzes possíveis; é ainda o lugar de passagem entre a Alemanha e a Inglaterra, evocado aqui como itinerário turístico, mas em outras partes como trajeto dos judeus que fugiam do nazismo para a terra de asilo britânica. É, finalmente, a outra margem desse mitológico rio dos mortos que a viagem não para de percorrer a partir de cada ponto da costa. Essa viagem prolonga ao infinito o círculo das destruições, mas seus meandros tecem também continuamente uma multiplicidade de círculos de círculos, um espaço de coexistência que reconduz a um mundo sensível comum aos vivos e aos mortos, às existências ilustres e às vidas anônimas, todos aqueles cujas vidas foram devoradas pela obra de construção, todos aqueles que a obra de destruição não parou de fazer desaparecer.

Pois o problema não é ligar tudo com tudo. O problema é tecer um território de coexistência semelhante ao afresco de Pisanello que Sebald evoca em *Vertigem*, no qual louva "a capacidade de expressar a presença de todas as coisas, as personagens principais e os figurantes, os pássaros no céu, a floresta verde e farfalhante tanto quanto a mais ínfima folha, sem que o direito delas de estar ali seja contestado por nada".[13] Um direito não é nada em si mesmo. O que conta é o trabalho para torná-lo efetivo. E é precisamente esse o trabalho da nova ficção. É esse trabalho que realiza e alegoriza ao mesmo tempo um outro desvio geográfico a partir do passeio costeiro: o desvio irlandês. Um sonho inverificável num hotel introduz, de fato, uma longa digressão que narra uma hipotética estadia do narrador numa casa irlandesa caindo aos pedaços cujos ocupantes foram esquecidos pela história e, em troca, a esqueceram. Podemos acreditar ou não na realidade dessa estadia. Mas o real da ficção está em outro lugar: está nesses cartuchos de papel com que a proprietária, nos diz ele, cobria as flores fanadas

[13] W. G. Sebald, *Vertiges*, trad. P. Charbonneau, Arles, Actes Sud, 2001, p. 71 [ed. bras.: *Vertigem*, trad. José Marcos Macedo, São Paulo, Companhia das Letras, 2008].

e atava com um barbante na altura dos talos. Após o quê, "cortava os talos, levava-os para casa e os prendia num cordel feito de numerosos pedaços amarrados uns aos outros e esticado em todas as direções do que tinha sido outrora uma biblioteca. Os talos, em suas embalagens brancas, estavam pendurados em tão grande número sob o forro da biblioteca que formavam uma espécie de nuvem de papel na qual Mrs. Ashbury, tal uma santa subindo ao céu, desaparecia pela metade quando estava ocupada, empoleirada sobre a escadinha da biblioteca, em prender ou desprender os envelopes farfalhantes de sementes".[14] Se esse quadro funciona como ficção, não é por ser inventado nem pela qualidade pitoresca da descrição. É porque se enlaça a outras histórias de farfalhares e de coleções que atravessam os episódios: os pedaços de tecido acumulados pelas senhoras Ashbury para confeccionar, em *patchwork*, inúteis colchas coloridas; o farfalhar dos bichos-da-seda devorando as folhas de amoreira da imperatriz; a coleção das amostras de tecidos conservada no pequeno museu de um fabricante em Norwich; o labor interminável de construção da maquete do templo de Jerusalém e as montanhas de papéis desabando das mesas à maneira de geleiras e voltando a subir a partir dos tapetes da especialista em Flaubert, que remetem elas próprias à montanha de papéis recolhidos pelos colecionadores Bouvard e Pécuchet com o único fim de alimentar seu trabalho cotidiano de cópia que é também o trabalho de escrita de seu inventor.

Não devemos, pois, nos enganar quanto ao sentido do episódio: se a colecionadora de sementes está ali, não é como uma curiosidade em que se demora o olhar divertido de um viajante. Pode até ser, inclusive, que essa viagem nunca tenha ocorrido. Mas o narrador que talvez nunca tenha posto os pés na casa Ashbury sabe como nós que há um pouco por toda parte, em territórios marcados pelas violências da história e pelas destruições do progresso, colecionadoras e bricoladores desse tipo que se dedicam a um trabalho bem preciso: criar vida a partir do que está morto, o novo com o usado e o gasto, arte com os materiais da indústria, história a partir de acontecimentos insignificantes e rastros quase apaga-

[14] W. G. Sebald, *Les Anneaux de Saturne*, *op. cit.*, pp. 275-6.

dos: em suma, contradizer e redimir a obra de destruição. O episódio vale, portanto, ao mesmo tempo como exemplo desses empreendimentos múltiplos e como apólogo do trabalho próprio do escritor: a tarefa deste não é pendurar numa corda pequenos cartuchos pitorescos, mas esticar o fio que une os cartuchos da proprietária aficcionada por botânica com as montanhas de papéis da pesquisadora universitária, o templo do artista autodidata, os escritos do médico polígrafo Thomas Browne em todas as áreas do saber ou ainda as urnas funerárias celebradas pelo mesmo Browne, misturando alegremente arqueologia e mitologia, grandes hipóteses sobre a história das civilizações e fascinação pelos objetos contidos nas urnas, paixão pela regularidade das figuras geométricas e atenção às anomalias da natureza. Sobre toda a superfície onde a exploração e a dominação estenderam a teia de suas destruições, pode-se tecer uma outra teia entrelaçando uma multiplicidade de laços horizontais e igualitários. É o que nos recorda a história do bicho-da-seda percorrida no último episódio. De um lado, ela pode resumir toda a história do capitalismo sujeitando a natureza a seu serviço e nutrindo todos os sonhos disciplinadores. Mas, do outro, um texto célebre do autor de *O capital* já inverteu as coisas: o bicho-da-seda, diz Marx, é um tipo particular de trabalhador, pois sua produção não obedece à lei do trabalho dito produtivo, isto é, do trabalho que desaparece na produção de mais-valia. É por isso que seu trabalho pode simbolizar a obra do poeta.[15] É por isso também que sua história pode simbolizar aqui o contra-trabalho da ficção, percorrendo os espaços não para colecionar as raridades mas para inventar uma outra imagem do tempo: um tempo da coexistência, da igualdade e da entre-expressividade dos momentos, oposto ao tempo da sucessão e da destruição.

Essa outra imagem do tempo se desenha já na primeira frase do livro, aparentemente anódina, em que o autor nos diz ter pegado a estrada no fim dos dias de canícula para fugir do vazio que crescia nele "ao final de um trabalho deveras absorvente". A via-

[15] Karl Marx, *Théories sur la plus-value*, trad. G. Badia *et alii*, Paris, Éditions Sociales, 1974, t. 1, p. 469 [ed. bras.: *Teorias da mais-valia*, trad. Reginaldo Sant'Anna, Rio de Janeiro, Civilização Brasileira, 1980].

gem se anuncia como uma escapada de professor universitário em férias, ou seja, também como um desvio de certa prática da ciência. Esse desvio se manifesta ele próprio por um detalhe quase insignificante, a referência a esses dias de canícula, que se tornam, um pouco mais adiante, dias postos sob o signo do Cão, propício às doenças do corpo e da alma. Aqui não é questão de se perguntar se o autor verdadeiramente crê na influência dos astros sobre os destinos humanos. Basta que essa referência engendre um uso do tempo diferente do uso da ficção clássica, com seus acontecimentos governados pelo fim a atingir, mas também do uso da ciência que, fundindo sem parar os fatos de produção e de destruição nas causas de que eles são os efeitos, contribui à sua maneira para a obra produtora/destruidora. A astrologia oferece a imagem de uma ligação que escapa ao império ficcional e científico do encadeamento produtor/destruidor das causas e dos efeitos. Uma ligação que escapa ao mesmo tempo a qualquer hierarquia. Não é que tudo seja equivalente e qualquer ordem seja boa. Mesmo em viagem pelo campo, o autor da nova ficção ainda é, como o tecelão ou o escriba, "perseguido até em seus sonhos pelo sentimento de ter puxado o fio errado".[16] Mas, justamente, o fio certo deve ser procurado numa outra cartografia do tempo que não a da sucessão governada pelo encadeamento das causas e dos efeitos. Ora, a imagem mais simples disso é oferecida pelo tempo dos calendários. Pois ele não é a pura sucessão das coisas ocorrendo bestamente umas depois das outras. É um tempo em que cada data se separa da ordem sucessiva e remete a outra coisa que não ela própria: a acontecimentos sobrevindos em diferentes lugares num mesmo dia do ano num passado mais ou menos distante; à história de um santo padroeiro ou de uma divindade mitológica; a trabalhos ou humores de estação; a informações diversas ou histórias compostas especialmente com o fim de instruir, distrair ou regozijar aquelas e aqueles que, de resto, padecem a rotina dos dias iguais a todos os outros.

Uma das grandes inspirações de Sebald se encontra nas *Kalendergeschichten* [Histórias de almanaque] de Johann Peter He-

---

[16] W. G. Sebald, *Les Anneaux de Saturne*, *op. cit.*, p. 366.

bel. Essas histórias do dia a dia, ele quer arrancá-las de um pensamento heideggeriano do enraizamento na terra para transformá-las no modelo de uma travessia igualitária das experiências, das línguas e dos saberes. A predileção de Hebel pela parataxe e pelas conjunções coordenativas não é, nos diz Sebald, "o signo de uma ingenuidade própria à província profunda" pois "é, sem dúvida alguma, quando as utiliza que obtém seus efeitos mais esmerados. Contra toda hierarquia e toda subordinação, esses elementos levam o leitor, da maneira mais discreta possível, a considerar que no mundo criado por esse contador tudo deve coexistir com a mesma legitimidade".[17] Assim também, é sob o modo da parataxe que as histórias de Hebel vêm se inserir na viagem do professor pela costa do condado de Suffolk. Nas ruas da cidade decadente de Lowestoft, a visão de um carro fúnebre faz o caminhante se lembrar "daquele artesão de Tuttlingen que, encontrando-se em Amsterdã muitos anos antes, tinha se juntado ao cortejo fúnebre de um negociante aparentemente muito conhecido e seguido com devoção e emoção a oração fúnebre em holandês da qual não entendia patavinas".[18] Esse artesão não identificado, que admira inicialmente a riqueza das tulipas e dos goivos nas janelas de uma bela residência e as caixas de produtos coloniais empilhadas no porto, para depois constatar que o proprietário dessas riquezas não escapa mais que ele à sorte dos mortais, sai direto de uma história de almanaque de Hebel, "Kannitverstan", explicitamente evocada por Sebald em *Séjours à la campagne* [*Logis in einem Landhaus*]. Ali, esse artesão é um aprendiz vindo da Alemanha para Amsterdã e que pergunta em alemão a quem pertence aquele palácio enfeitado com soberbas flores, ao que seu interlocutor responde em holandês que não entende a pergunta. O aprendiz toma a resposta pelo nome do proprietário, um sr. Kannitverstan ("Nãocompreendo"), cujas caixas de produtos amontoadas no porto ele admira com inveja até encontrar um cortejo fúnebre, perguntar a identidade do

[17] W. G. Sebald, *Séjours à la campagne*, ilustrações de J. P. Tripp, trad. P. Charbonneau, Arles, Actes Sud, 2005, p. 23.

[18] W. G. Sebald, *Les Anneaux de Saturne*, *op. cit.*, p. 68.

defunto e deplorar, ao ouvir a mesma resposta, a triste sorte desse sr. Kanniverstan.

Não devemos nos enganar sobre a moral da história. Não é a igualdade de todos diante da condição mortal que Sebald nos pede para admirar na historieta de Hebel, mas sim a igualdade que sua escrita promete e produz ao mesmo tempo. É o trabalho da língua que "por seus desvios, digressões e viravoltas acompanha o curso do que conta e salva tudo o que pode dos bens terrestres" e cujos fins de frase se abrem, independentemente de qualquer programa de igualdade social, para um horizonte de fraternidade.[19] Para redimir a obra de destruição e contradizer a obra de dominação, é preciso introduzir na própria composição da ficção esses desvios, digressões e viravoltas, e também esses fins de frase à beira do vazio que o cronista alemão introduzia na língua. É preciso introduzi-los para derrubar as barreiras dentro das quais um texto se dirige a um tipo de leitor bem distinto dos outros e abrir ao máximo o espaço fraterno onde experiências entram em comunicação por meio da diferença dos gêneros de escritos: artigos de enciclopédias científicas ou artigos de imprensa regional, brochuras de eruditos locais, obras de erudição científica que testemunham as diferentes épocas da ciência, histórias de almanaques, fascículos pedagógicos ou outros. Todo esse material — o mesmo que atulhava as escrivaninhas de Bouvard e Pécuchet e a mesa de seu autor — é preciso atravessá-lo com os fios de uma nova ficção. Esta identifica o deslocamento de lugar a lugar e de momento a momento com o trabalho de um pensamento móvel que mistura ele próprio os gêneros e transforma a narrativa de caminhada em devaneio, alucinação, sonho fantástico, parábola, lembrança de leitura, visita mitológica ao país dos mortos, invenção de viagens imaginárias ou de enciclopédias fictícias a fim de "salvar tudo o que puder" da experiência comum e ampliar o espaço fraterno da coexistência dos lugares e dos tempos, das experiências e das frases.

Essa rede de comunidade que a ficção deve traçar, é possível pensá-la a partir de uma singular observação feita por Sebald ao descobrir um dia que o judeu emigrado que o hospedara vinte anos

---

[19] W. G. Sebald, *Séjours à la campagne*, *op. cit.*, pp. 22-4.

antes em Manchester tinha esquiado, antes de fugir da Alemanha nazista, nas mesmas encostas bávaras que o jovem Sebald desceria anos mais tarde. "Ele deixou rastros na neve sobre os mesmos morros que eu", comenta ele, antes de dizer que desses rastros comuns se podem extrair lições de história que não figuram nos manuais.[20] A ficção é, em suma, o trabalho que faz história ligando rastros apagados na neve com outros rastros apagados na neve. Ela implica uma mobilização particular do saber. É preciso que este saia da função mesquinha de explicação, portanto de supressão, que lhe costuma ser atribuída, não para dar lugar a alguma estupefação bruta diante da irrupção do real, mas para entrar numa ordem de metamorfoses em que ele se divide e se modula diversamente para se tornar ao mesmo tempo matéria de ficção e forma ficcional.

Talvez seja essa a moral última da história de "Kannitverstan". Não compreender não é um déficit. É a interrupção do modo dominante de processo de produção do sentido que racionaliza sem parar a obra de destruição. Por certo, pode-se compreender a ligação das flores sobre as sacadas com as caixas empilhadas no porto, dessas caixas com a violência da exploração colonial e das belas palavras da religião com a ordem que consagra essa violência. Mas esse saber que denuncia a obra de destruição não a repara. Segue ainda sua lógica, dissolvendo, por sua vez, o esplendor das flores e o dos belos sermões em produção e distribuição de mais-valia. É preciso saber ignorá-lo para criar entre as flores das janelas, a beleza das palavras e os encantos de artesãos um elo igualitário que os conserve, uns ao lado dos outros em seu igual direito à existência, mas que também os enriqueça transformando-os em traduções, ecos e reflexos uns dos outros e em princípio de outras traduções, ecos e reflexos ao infinito. É um outro uso do saber, que não produz apenas um novo tipo de ficção mas um novo tipo de sentido comum, um sentido comum que liga sem subordinar nem destruir.

---

[20] *L'Archéologue de la mémoire*, *op. cit.*, p. 107.

A BEIRADA DO NADA E DO TUDO

O MOMENTO QUALQUER

No final de *Mimesis*, Erich Auerbach, que não costumava fazer grandes declarações, saudava um livro em que via não apenas o coroamento supremo da literatura ocidental, como também a promessa de uma "vida comum da humanidade sobre a Terra". Livros que mesclam os tormentos e as esperanças de uma humanidade em mutação, certamente é o que não falta. Mas o escolhido por Auerbach parece um tanto distante das grandes epopeias da condição humana. Trata-se de *Ao farol*,[1] de Virginia Woolf, cuja história se limita a uma noite e a uma manhã, ambas feitas de pequenos acontecimentos insignificantes, no círculo de família de uma casa de férias numa ilha. E a passagem que ele comenta para justificar sua afirmação nos conta o mais anódino dos acontecimentos domésticos: a dona de casa Mrs. Ramsay tricota para o filho do guarda do farol um par de meias que ela mede sobre a perna de seu filho mais novo.

Como essa noite de verão numa família pequeno-burguesa pode anunciar o porvir da humanidade? Dois capítulos antes, o mesmo Auerbach definia o cerne do realismo romanesco moderno. Este, dizia ele, só pode representar o homem engajado numa realidade global política, econômica e social em plena evolução. Aparentemente, essa realidade global se desfez no espaço de dois capítulos. Mas, com ela, parece também ter desaparecido esse encadeamento das ações num todo que constituía o próprio cerne da ficção. A realização plena do realismo ocidental saudada por Auerbach se parece estranhamente com a decadência daquele realismo

---

[1] Ed. bras.: trad. Tomaz Tadeu, Belo Horizonte, Autêntica, 2013. (N. do T.)

que Lukács deplorava dez anos antes, identificando-o à inversão da hierarquia entre narração e descrição. O cerne do realismo autêntico era, para ele, mostrar as coisas do ponto de vista das personagens agindo, na dinâmica de sua ação. Os fins que elas buscavam e os confrontos em que se envolviam permitiam apreender o movimento social global no seio do qual sua ação se inscrevia. Quando Balzac, em *Ilusões perdidas*, descrevia para nós uma noite no teatro, nos fazia vê-la do ponto de vista de seu herói, Lucien de Rubempré, que utilizava sua pena para promover o espetáculo de que participava sua amante Coralie e assegurar sua própria posição de jornalista na moda. Esse modo narrativo permitia ao leitor perceber, através da ascensão e da queda de um jovem ambicioso, a mão do capitalismo estendendo-se ao mesmo tempo sobre o teatro e sobre o jornalismo. Mas essa dinâmica conjunta da ação narrativa e da revelação de um processo social já estava perdida em Zola. O autor de *Naná* descrevia minuciosamente para nós todos os aspectos do teatro onde evoluía sua heroína: a representação, a sala, as mudanças de cenário, o trabalho das camareiras etc. Mas isso já não passava de uma sucessão de quadros, de "naturezas-mortas" apresentadas do ponto de vista passivo de um espectador e não mais no de personagens em ação. Essa perda da ação romanesca na descrição passiva se agravaria na sequência, culminando, nas obras de Joyce e John Dos Passos, no ponto extremo de fragmentação da experiência em que a vida interior das personagens se transformava ela própria "em algo de estático e reificado".[2]

À primeira vista, é o mesmo caminho que segue Auerbach, indo do *Pai Goriot* a *Ao farol*: um caminho que se desvia ao mesmo tempo da organização bem construída das intrigas ficcionais e da vida comum dos homens. Ora, acontece que Auerbach oferece uma interpretação dessa evolução que inverte a perspectiva: a micronarrativa de Virginia Woolf não nos desvia do que está em jogo

---

[2] Georg Lukács, "Raconter ou décrire?", trad. C. Prévost e J. Guégan, in *Problèmes du réalisme*, Paris, L'Arche, 1975, p. 163 [ed. bras.: "Narrar ou descrever", trad. Giseh Vianna Konder, in *Ensaios sobre literatura*, Rio de Janeiro, Civilização Brasileira, 1965].

na vida comum dos homens e das mulheres. Abre-se, pelo contrário, para seu porvir, para esse momento em que a humanidade viverá "uma vida comum sobre a Terra".[3] Porém, se faz isso, não é *ainda que* mas *porque* essa micronarrativa arruína essa organização de ações tida até então como o próprio princípio da ficção: "O que acontece aqui em Virginia Woolf é exatamente o que sempre foi tentado por esse gênero de obras (mas nem sempre com a mesma penetração nem com a mesma maestria): dar ênfase à circunstância qualquer e explorá-la por si mesma, não a serviço de um encadeamento concertado de ações".[4]

É uma afirmação extraordinária: o remate supremo da ficção realista ocidental é a destruição desse "encadeamento concertado de ações" que parece ser a condição *sine qua non* de toda ficção. É o privilégio dado à *circunstância qualquer*, a que ele também chama *momento qualquer*. Como pensar esse remate em forma de destruição radical? E como o reino do momento qualquer pressagia uma nova vida comum sobre a Terra? Auerbach só responde a essas questões com considerações banais sobre o conteúdo desses momentos quaisquer, que diz respeito às "coisas elementares que nossas vidas têm em comum".[5] Mas antes ele disse o suficiente para nos deixar perceber que o comum que está em jogo no momento qualquer não concerne ao conteúdo do tempo mas à sua própria forma. Se existe uma política da ficção, ela não vem da maneira como esta representa a estrutura da sociedade e seus conflitos. Nem da simpatia que pode suscitar pelos oprimidos nem da energia que pode engendrar contra a opressão. Ela vem daquilo mesmo que a faz ser como ficção, ou seja, uma maneira de identificar acontecimentos e de ligá-los uns aos outros. O cerne da política da ficção é o tratamento do tempo.

Na verdade, isso era sabido desde a Antiguidade, e recebeu sua formulação exemplar no nono capítulo da *Poética* de Aristóteles, em que ele explica por que a poesia é *mais filosófica* que a

---

[3] Erich Auerbach, *Mimesis*, *op. cit.*, p. 548.

[4] *Ibid.*, p. 547.

[5] *Ibid.*, p. 548.

história. Porque a poesia — e ele a entende não como a música dos versos e sim como a construção de uma intriga ficcional — diz como as coisas *podem* acontecer, de que maneira acontecem como consequências de sua própria possibilidade, ao passo que a história nos diz apenas como elas acontecem umas depois das outras, em sua sucessão empírica. Assim, a ação trágica nos mostra o encadeamento necessário ou verossímil de acontecimentos por meio do qual os homens passam da ignorância ao saber e da fortuna ao infortúnio. Não quaisquer homens, é verdade, mas homens que devem ser "renomados e de uma situação elevada".[6] Para passar da fortuna ao infortúnio, é preciso pertencer ao mundo daqueles cujas ações dependem das contingências da Fortuna. Para padecer essa infelicidade trágica devida não a um vício mas a um erro, é preciso ser daqueles que podem cometer erros porque podem vislumbrar grandes desígnios e se enganar ao calcular os meios de sua ação. A racionalidade poética dos encadeamentos necessários ou verossímeis se aplica a esses homens ditos *ativos* porque vivem no tempo dos fins: aqueles a que a ação se propõe, mas também esse fim em si mesmo que constitui a forma privilegiada de inação chamada lazer. Esse tempo se opõe claramente ao tempo dos homens ditos *passivos* ou *mecânicos* não porque estes não fazem nada, mas porque toda sua atividade está encerrada no círculo dos meios que visam aos fins imediatos da sobrevivência, e no qual a própria inação nunca é mais que o repouso necessário entre dois gastos de energia.

A ficção construída é mais racional que a realidade empírica descrita. E essa superioridade é a de uma temporalidade sobre outra. Essas duas teses aristotélicas formaram por séculos a racionalidade dominante da ficção. Fundaram-na sobre uma hierarquia que não precisava ser justificada por pertencer àquelas evidências que estruturam um mundo: a hierarquia das formas de vida que distingue os homens "ativos" dos homens "passivos" por sua maneira de habitar o tempo, pelo enquadramento sensível de sua atividade e de sua inatividade. Podemos então perguntar: essa hierar-

---

[6] Aristóteles, *Poética*, 1453a, 10.

quia das temporalidades que sustentava a racionalidade ficcional não foi destruída na era moderna? O marxismo não virou o jogo? Com ele, é precisamente o mundo obscuro da produção e da reprodução da vida que se torna o mundo da racionalidade causal. É a história, assim definida a partir de seu cerne — a produção da vida material —, que opõe sua racionalidade aos arranjos arbitrários da ficção e abre para aqueles que apreendem suas leis o porvir de uma humanidade sem hierarquia. Mas inverter uma oposição ainda é manter seus termos e a estrutura de sua relação. E, ainda que ciência e história joguem uma partida complicada em *O capital*, há ao menos um princípio ficcional que a ciência marxista da história endossou e transmitiu a uma posteridade que apagou cuidadosamente suas aporias: o princípio da hierarquia dos tempos. Decerto essa ciência já não é mais o saber inútil que os heróis trágicos adquiriam tarde demais no momento em que passavam da fortuna ao infortúnio. Pelo contrário, essa ciência deveria propiciar a quem a possui a visão do encadeamento global e os meios de ajustar os meios aos fins. Mas só o faz opondo novamente o tempo dos homens ativos, que apreendem o encadeamento das causas e inscrevem nele seus empreendimentos, ao tempo dos homens passivos, obrigados por sua ocupação material a permanecer na caverna onde as coisas aparecem apenas umas depois das outras, numa contiguidade ordenada unicamente pelas miragens da ideologia.

Como forma de narrativa, a ciência marxista da história ainda é aristotélica. E é muito naturalmente que, quando considera a ficção literária, ela casa suas razões com as da velha hierarquia ficcional. É precisamente o que faz Lukács ao opor duas formas de temporalidade: o tempo do romance realista autêntico, o das "personalidades completas" que, buscando seus fins por sua própria conta e risco, nos revelam a estrutura da realidade social e da evolução histórica, e o tempo sucessivo, o tempo reificado das "naturezas-mortas" do romance naturalista ou da fragmentação joyciana da experiência. Assim, o teórico marxista da literatura endossa a hierarquia que opõe os homens ativos aos homens passivos. E talvez tenha sido essa cumplicidade que Auerbach pressentiu quando ligou o "realismo sério dos tempos modernos" à representação do homem "engajado numa realidade global, política, econômica e social em constante evolução": essa realidade em evolução constante não faz mais que reproduzir constantemente a separação entre aqueles que vivem no tempo das causas e aqueles que vivem no tempo dos efeitos. Daí talvez a estranheza dos exemplos com que ilustra sua proposição; todos são, de fato, contraexemplos, lugares e momentos em que essa "constante evolução" parece suspensa: a sala de jantar cheirando a fechado da pensão Vauquer em *O pai Goriot*, o tédio dos jantares na mansão de La Mole em *O vermelho e o negro*, o dos almoços na sala úmida de *Madame Bovary*. Essa aparente contradição tem sua lógica: o "realismo sério" é também, e mesmo antes de tudo, o que rompe com a antiga separação que restringia a representação da gentinha aos gêneros baixos como a comédia ou a sátira. É o realismo que faz dessa gente sujeitos capazes dos sentimentos mais profundos e mais complexos. Aí reside o segundo grande princípio que deve encontrar na literatura moderna sua completa realização. E é bem isso o que simbolizam Julien Sorel, o filho de carpinteiro que abre caminho na hierarquia social, e Emma Bovary, a filha de camponês que parte à conquista das paixões ideais, ambos "sérios" até a morte que sanciona seu desejo de viver uma outra vida que não a destinada às pessoas de sua condição. Ora, acontece que viver uma outra vida é, em primeiro lugar, habitar um outro tempo. E o tédio é a entrada nesse outro tempo. É a experiência do tempo vazio, um tempo normalmente desconhecido por aqueles que costumam repartir seu cotidiano entre o trabalho que alimenta e o descanso que repara. É por isso que o tédio não é simplesmente uma frustração, é também uma conquista, uma transgressão da partilha que separa os humanos em dois segundo sua maneira de habitar o tempo.

No momento em que se esperava sua reunião, os dois critérios da realização realista se separam. A capacidade do homem do povo de ser o sujeito de um drama intenso e profundo se afirma desligando-se da rede das relações que o absorveria numa realidade global em devir. Não é do lado da realidade social global que a hierarquia dos tempos e das formas de vida é rompida, e sim ao contrário, do lado de sua suspensão, da entrada dos indivíduos quaisquer nesse tempo vazio que se dilata num mundo de sensações e de paixões desconhecidas. Desconhecidas pelo(a)s imprudentes que ali queimam suas asas e sua vida, mas também pela ficção que descobre ali um inédito modo de ser do tempo: um tecido temporal cujos ritmos já não são definidos por metas projetadas, ações que buscam realizá-las e obstáculos que as retardam, e sim por corpos que se deslocam ao ritmo das horas, por mãos que desembaçam vidros para ver a chuva cair, cabeças que se apoiam, braços que caem ao longo do corpo, rostos conhecidos ou desconhecidos que surgem atrás das janelas, passos sonoros ou furtivos, uma melodia que passa, minutos que deslizam uns sobre os outros e se fundem numa emoção sem nome. Assim é o tempo de Emma Bovary, esse dia ordinário de que Auerbach extraiu o famoso almoço.[7] Um tempo desesperante para a heroína que não sabe o que está aguardando e não sabe que esse não saber é ele próprio um novo gozo. Mas, de todo modo, um tempo novo para a ficção, liberada das expectativas que ela conhecia além da conta e introduzida, em contrapartida, na multiplicidade infinita das sensações ínfimas e das emoções sem nome de que se compõem as vidas subtraídas à hierarquia das temporalidades.

É esse o caminho que desloca a democracia ficcional da grande história onde a ciência da história a via naturalmente localizada para o universo dos microacontecimentos sensíveis. A revolução democrática da ficção não é o grande surgimento das massas no palco da História. Nem por isso ela deixa de ser fiel à definição moderna da revolução: esta é o processo pelo qual aqueles que não eram nada se tornam tudo. Mas se tornar tudo, na ordem ficcional, não é se tornar a personagem principal da história. É se tornar o próprio tecido no interior do qual — pelas malhas do qual — os acontecimentos se sustêm uns aos outros. A grande revolução que Auerbach aponta sem a definir direito acontece quando o tecido por meio do qual acontecimentos se sustêm uns aos outros é o próprio tecido por meio do qual ocorrem acontecimentos àqueles e àquelas a quem nada deveria ocorrer, aqueles e aquelas que supostamente deveriam viver no inframundo do tempo da reprodução, na caverna onde as coisas simplesmente se sucedem. O momento

[7] Gustave Flaubert, *Madame Bovary*, primeira parte, capítulo IX, in *Oeuvres complètes*, *op. cit.*, pp. 205-7.

qualquer não é simplesmente o das atividades essenciais a que todos os humanos se entregam. E a promessa de humanidade contida nos momentos quaisquer de Virginia Woolf não tem a ver com o fato de que existem por toda parte no mundo, no mesmo instante, mulheres que tricotam e cuidam de seus filhos. Não é o conteúdo do tempo que é abalado, mas sua própria forma. O tempo da tradição representativa era um tempo de duas dimensões, em que cada uma definia uma forma de exclusão. Ele excluía em seu eixo horizontal, fazendo cada momento desaparecer no seguinte. Excluía também em seu eixo vertical, separando aqueles que viviam no mundo da ação daqueles que viviam no inframundo da repetição. O momento qualquer é, ao contrário, o elemento de um tempo duplamente inclusivo: um tempo da coexistência em que os momentos penetram uns nos outros e persistem expandindo-se em círculos cada vez maiores; um tempo partilhado que já não conhece hierarquia entre aqueles que o ocupam. É o que ilustra um outro romance de Virginia Woolf, *Mrs. Dalloway*, história de um só dia em que os passeios londrinos de uma *socialite*, de sua filha e de seu ex-namorado experimentam um espaço-tempo inédito, onde os mesmos acontecimentos sensíveis se expandem pouco a pouco, afetando de modo semelhante todos os corpos e especialmente aqueles que a antiga ordem mantinha afastados ou tornava invisíveis.[8]

Mas o momento qualquer não é apenas o átomo indiferente desse tempo da coexistência. É também o momento de oscilação que se mantém na exata fronteira entre o nada e o tudo, o momento do encontro entre aqueles que vivem no tempo dos acontecimentos sensíveis partilhados e aqueles que vivem no fora-do-tempo em que nada mais se partilha e nada mais pode acontecer. É assim que os círculos do momento qualquer partilhado que se tecem, de manhã, nas ruas de Londres em torno da elegante Clarissa Dalloway, que foi comprar flores para a recepção que vai dar, encontram seu ponto de parada em duas figuras-limite. Temos,

---

[8] Desenvolvi esse aspecto do romance em meu livro *Le Fil perdu: essais sur la fiction moderne*, Paris, La Fabrique, 2014 [ed. bras.: *O fio perdido: ensaios sobre a ficção moderna*, São Paulo, Martins Fontes, 2017].

saindo de uma boca de metrô como do fundo da terra, uma forma trêmula, semelhante a uma bomba d'água enferrujada, cuja voz sem idade nem sexo murmura um canto ininteligível sem começo nem fim. E temos esse rapaz, frustrado em suas ambições poéticas e traumatizado pela guerra, cujo delírio transforma o tecido dos acontecimentos sensíveis quaisquer em revelação de uma nova religião que ele deve anunciar ao mundo. Esse rapaz, Septimus, se jogará pela janela para escapar dos médicos que querem interná-lo numa casa de repouso. Sabemos que seu ato prefigura o da própria romancista que, ela também, escapará da loucura e dos médicos pelo suicídio. A tarefa própria da literatura "realista" é então transcrever a potência desses momentos de oscilação entre o acontecimento e o não-acontecimento, a fala e o mutismo, o sentido e o não-sentido sob suas duas figuras: a estupidez do déficit de sentido e a loucura do excesso de sentido. É construir com palavras um mundo comum que inclua a própria separação, que ligue o tempo orientado do dia de Clarissa Dalloway e dos passantes que ela cruza ao tempo estanque da velha "bomba enferrujada" que canta perto da boca do metrô ou ao tempo desorientado de Septimus. Mas essa inclusão do excluído não é nem a supressão das diferenças numa universalidade que as transcende nem o reconhecimento de sua coexistência pacífica. Ela é a inclusão violenta numa forma de comunidade sensível daquilo mesmo que a faz explodir, a inclusão numa linguagem daquilo que escapa a essa linguagem. É isso que pode significar aquela "língua estrangeira na língua" reivindicada por Proust e longamente comentada por Deleuze: a transgressão da partilha ordenada das vozes e dos idiomas, transgressão que atinge seu ponto máximo com a inclusão na língua da própria impossibilidade de falar.

O momento qualquer não é, na realidade, qualquer. Com certeza, ele pode ocorrer a todo instante para qualquer circunstância insignificante. Mas é também sempre o momento decisivo, o momento de oscilação que se mantém na exata fronteira entre o nada e o tudo. "Não era nada. Apenas um som", diz Faulkner, falando em *O som e a fúria* da queixa do idiota Benjy. Mas é para logo transformar esse nada num tudo: "Isso poderia ter sido a totalidade do tempo, da injustiça e da dor ganhando voz por um instante graças a uma conjunção de planetas".[9] Manter-se nessa fronteira, onde vidas que vão despencar no nada se elevam a uma totalidade de tempo e de injustiça, é talvez a política mais profunda da literatura. Gostaríamos de vê-la lançar os combatentes ao assalto, acompanhar o movimento vitorioso do processo histórico. Mas talvez essas histórias que parecem se manter timoratamente afastadas dos grandes tumultos em andamento da História operem um deslocamento mais radical que coloca em questão a temporalidade no interior da qual esse assalto e sua vitória são pensados. Foi Walter Benjamin quem deu a esse deslocamento sua significação política ao afirmar a necessidade de separar a "tradição dos oprimidos" do tempo dos vencedores de que a teoria marxista a tinha tornado solidária e de ligar a dialética não mais aos avanços do tempo, mas a suas paradas, encavalamentos, retornos e conflagrações. Porém, já antes dele, certas obras literárias tinham operado essas rupturas que contrariam as vitórias da História mantendo-se sobre essa beira do tempo, essa fronteira do nada e do tudo onde se embaralha a partilha entre os humanos ativos e os humanos passivos. Para tanto, suas autoras e seus autores tinham se esforçado para condensar e dilatar os tempos, fraturá-los, recompô-los e entremesclá-los, reduzindo assim o tempo dos vencedores a não ser mais que um tempo entre outros e remetendo sua necessidade à particularidade de um roteiro como outro qualquer, simplesmente mais pobre que os outros.

Não é então ficção contra realidade, mas ficção contra ficção. E não se pode reduzir essa batalha das ficções a uma oposição entre a literatura erudita destinada às elites e a crônica ordinária dos fatos. Pelo contrário, ela se dá em toda parte onde se trata de estabelecer o cenário do que torna a realidade comum. No verão de 1936, o jovem jornalista James Agee é enviado por sua revista para fazer uma reportagem sobre a maneira como os meeiros do Ala-

---

[9] William Faulkner, *Le Bruit et la fureur*, trad. M. E. Coindreau, in *Oeuvres romanesques*, Paris, Gallimard, "Bibliothèque de la Pléiade", t. 1, 1977, p. 602 (tradução modificada) [ed. bras.: *O som e a fúria*, trad. Paulo Henriques Britto, São Paulo, Companhia das Letras, 2017]. Ver mais adiante o ensaio "A fala do mudo".

bama estão vivendo a crise. A receita para uma reportagem dessas é conhecida: entrelaçam-se os pequenos fatos sem significação que provam simplesmente que se está lidando com a vivência comum e os signos que fazem sentido, isto é, fazem consenso, mostrando a rudeza padecida pelos pobres e a maneira destes de se adaptar a ela como faz esse tipo de gente, aliando resignação e capacidade de se virar. Assim as coisas estão em ordem e a realidade permanece semelhante a si mesma. Mas James Agee faz outra coisa. De dia, esvazia todas as gavetas e mostra em cada alfinete ou em cada pedaço de tecido o todo de uma maneira de habitar o mundo. À noite, escuta a respiração dos que dormem, ouve nesse sopro ínfimo não apenas a pausa depois da pesada fadiga do dia, mas a injustiça de todas as vidas que teriam podido ser vividas; liga esse sopro aos sons da noite circundante, à multiplicidade das vidas que respiram por toda parte ao mesmo tempo, à doçura e à violência do céu estrelado e da respiração cósmica. Constrói a "conjunção de planetas" que arranca essas vidas das verossimilhanças da realidade social e das necessidades do tempo globalizado para dar voz a uma "totalidade do tempo, da injustiça e da dor". Ao tempo dos vencedores, esse tempo horizontal e contínuo que se descreve hoje como "globalização", a nova ficção opõe um tempo quebrado, atravessado a todo instante por essas pontas que elevam qualquer nada à altura do tudo.

DUAS HISTÓRIAS DE POBRES

No centro da topografia ficcional de *Luz em agosto*, há um homem sentado atrás de sua janela. Ele monitora a rua, nos diz Faulkner — e não foi à toa que deu a esse vigia o nome de Hightower. Mas o que há a espreitar nessa rua normalmente deserta? O que ele pode ver de novo através dessa janela escondida sob a vegetação que não oferece ao olhar mais que uma meia dúzia de bordos anões e uma placa desbotada? Atrás dessa janela é antes de tudo sua posição imóvel que conta. A posição, dir-se-ia, de alguém que espera. Faz muito tempo, no entanto, que ele não espera mais nenhum cliente para as lições de artes decorativas propostas pela placa. Faz muito tempo que se sentou ali, solitário, depois de ter sido expulso da igreja de que era pastor por conta de uma longa série de escândalos: seus sermões exaltados que pareciam confundir a glória do Salvador com as cavalgadas de um ancestral que tinha lutado ali no tempo da guerra civil; a má conduta de uma esposa, encontrada morta no quarto de um hotel suspeito de Memphis; a presença de uma criada negra sozinha na casa do viúvo e algumas outras incongruências. Atrás da janela de seu escritório, não são os visitantes que ele espreita, não é o espetáculo dos passantes que ele espia, mas o som ao longe, o som de sua igreja na hora do serviço: as preces, os sermões e os cantos de que foi excluído, decerto, mas sobretudo o som de ódio e de morte que ali reverbera. As vozes do órgão se expandem como crucificações extáticas, e suas ondas sonoras "imploram a ausência do amor, a ausência da vida, proíbem-nos aos outros, reivindicam a morte como se a morte fosse o maior dos benefícios".[1] É que elas fazem eco

[1] William Faulkner, *Lumière d'août*, trad. M. E. Coindreau, in *Oeuvres*

aos rumores de ódio que atravessam a multidão das pessoas de bem, reunidas ali menos para honrar o Crucificado do que para exigir outras crucificações: contra os pecadores e as pecadoras, contra as pessoas da outra raça e aqueles que se misturam com elas, contra si próprios, enfim, e a maldição que os arrasta na espiral do ódio. Atrás das janelas, não há nada a decifrar nem a surpreender. Há apenas uma tonalidade a sentir. O vigia ouve de longe o rumor surdo da maldição ininterrupta. Vê em espírito as crucificações a que esse rumor não para de dar forma.

Mas se ele não fizesse mais que ouvir ao longe o som do ódio não haveria história. Para que haja história, é preciso que visitantes transponham a porta do homem imóvel, levem o drama até ali onde, em tempo normal, só o rumor chega. Não quaisquer visitantes, mas aqueles por meio dos quais o escândalo, portanto a história, acontece. Mas o escândalo se divide em dois. Há a fraqueza corriqueira da carne a que sucumbiu Lena Grove, a moça do campo, seduzida em sua cabana perdida nos confins do Alabama por um desses alegres companheiros que andam por aí alugando seus braços e engravidando as moças. Para encontrar aquele que não consegue imaginar como um mentiroso, ela saiu a pé estrada afora com o ventre pesado, carregando a criança prestes a nascer. Esse escândalo, que um bom casamento basta para remediar, é introduzido no escritório de Hightower por um homem de bem, o bom samaritano Byron Bunch, disposto a bancar o São José. Mas há ainda o escândalo mais radical que não nasce da fraqueza e sim do ódio à carne: ódio à mulher tentadora e pecadora, ódio àqueles que, por culpa dela, nasceram com sangue impuro. Quando a carroça que tinha acolhido Lena e o filho em seu ventre chegava a Jefferson, havia no céu o clarão de um incêndio: uma casa em chamas, a de Miss Burden, essa amiga dos negros, filha de um *carpetbagger*, assassinada por seu jovem amante, o oitavão Joe Christmas, cuja negritude ninguém vê em seu rosto, mas que se sabe maldito desde que a nutricionista do orfanato, cuja transa com um colega ele surpreendeu sem querer, revelou seu segredo a

---

romanesques, *op. cit.*, t. 2, 1995, p. 273 [ed. bras.: *Luz em agosto*, trad. Celso Mauro Paciornik, São Paulo, Cosac & Naify, 2007].

ele próprio e a todos. Hightower não pode, de sua janela, ver o clarão do incêndio. Mas verá entrar sucessivamente por sua porta os atores do drama: primeiro, introduzido por Byron, o avô de Joe, o praguejador que, quando de seu nascimento, o tirou de sua filha e deixou na porta do orfanato a criança nascida da fornicação ímpia da pecadora com um homem de Satã, um quadrarão que tinha conseguido fazer passar sua pele morena pela de um mexicano; e, por fim, arrombando a porta, entra o próprio Christmas, o filho maldito, herdeiro do sangue negro de seu pai, da fraqueza materna da carne e do ódio de seu avô pela carne culpada da mulher. É na casa de Hightower que esse negro camuflado de branco será não apenas morto como também castrado pelo executor da fúria das pessoas de bem, o policial da Guarda Nacional Grimm, frustrado por uma guerra mundial que veio cedo demais para ele. É assim que a história, ou antes, as duas histórias cruzadas entram na casa do vigia imóvel.

Poderão dizer que essa não é a maneira certa de contar as coisas. O solitário Hightower não tem culpa alguma nem no infortúnio corriqueiro de Lena Grove nem no destino monstruoso de Joe Christmas. E este poderia ter sido capturado e morto em qualquer outro lugar. Mas é preciso tomar as coisas pelo avesso e se perguntar por que o romancista quis que esses dois destinos se cruzassem ali onde eles não precisavam se cruzar, onde não tinham razão de se encontrar: na casa do vigia imóvel. De fato, o romancista multiplica os *tours de force* para colocar no centro de sua história o pastor decaído que, no entanto, aparece apenas a intervalos. É assim, de maneira extremamente inverossímil, que seu visitante habitual, o discretíssimo Byron Bunch, o informa de detalhes sobre o crime e sobre a investigação a respeito dos quais o leitor se pergunta como ele próprio pôde ficar sabendo deles. Tudo se passa como se a narração devesse, mesmo às custas da verossimilhança, se organizar em torno desse ponto imóvel: o ponto zero da história, o do homem a quem nada mais pode acontecer e que simplesmente ouve o som de fundo de todas as histórias à moda antiga, o som da antiga e sempre jovem maldição. O que une as duas histórias não é a personagem em comum, o amante fugido de Lena Grove que se tornou cúmplice de Christmas; é a existência desse ponto imóvel onde seus destinos se cruzam. Esses dois destinos têm um ponto comum: ambos advêm àquele tipo de indivíduos aos quais, nas ficções de antanho, nunca acontecia nada. Mas é de maneiras diametralmente opostas que eles rompem com esse destino normal de imobilidade e invisibilidade. A história de Lena é uma história dos tempos modernos. Pertence a essa nova era em que os seres, as coisas e os acontecimentos mais ínfimos adquiriram uma dignidade ficcional, não porque os romancistas têm uma ternura particular pela gentinha, mas porque suas histórias minúsculas permitem à ficção jogar com a fronteira quase imperceptível entre o nada e o alguma coisa. O erro de ter transado com um trabalhador de passagem e o infortúnio de estar grávida não resultam, no caso de Lena, de nenhum desafio, de nenhuma atração pelo mal, mas simplesmente de uma leviandade e de um azar. Não engendram nenhuma maldição, apenas a decisão de se pôr a caminho para dar um pai ao filho. E a história de Lena pode se resumir inteiramente num deslocamento geográfico modesto e, no entanto, inacreditável a seus olhos. Ela que estava fadada inicialmente a nunca se mover, e que se sabe destinada a permanecer pelo resto da vida ali onde chegar, fica maravilhada no fim por ter feito, em alguns meses apenas, o caminho do Alabama ao Tennessee.

Há essa primeira forma da democracia ficcional, a história ínfima ou o simples sulco traçado em linha reta por Lena, semelhante àquela carroça cujo movimento aparentemente imóvel as primeiras páginas do livro descrevem. E há, do lado de Christmas, a outra história dos tempos democráticos. Aqui não é o romance que se aproxima do quase nada das existências banais, são essas existências que se elevam ao nível das histórias de som e fúria que acometiam, nos tempos antigos, as famílias principescas. Mas se podem fazer isso é porque à antiga maldição das raças malditas e das famílias inimigas se acrescentou uma forma moderna de maldição, que toca particularmente aos pobres — de fato, ela acomete aqueles que saíram do caminho já traçado das existências populares e quiseram viver a vida reservada àqueles que se encontram do outro lado: as filhas de camponeses que quiseram, como Emma Bovary, conhecer uma vida de ideal e de paixão, ou os filhos do povo que quiseram, como o Septimus de *Mrs. Dalloway*, se tornar letrados e poetas. Christmas, quanto a ele, nada quis senão, aos cinco anos de idade, saborear a pasta de dente da nutricionista. Mas teve a infelicidade de estar escondido no quarto no exato momento em que ela cedia aos avanços de um colega. A culpa seguramente é bem pequena, mas transgrediu uma fronteira mais temível que a separação das classes e dos gozos. Sem querer, o pequeno Joe violou o único princípio capaz, segundo a velha criada Dilsey de *O som e a fúria*, de manter as crianças negras a salvo: não se meter nos assuntos dos brancos, manter-se afastado dos assuntos de ódio e fúria que são o quinhão desses espoliadores que tomaram a terra dos índios e escravizaram os negros. Ora, acontece que o menininho não pode não transgredir esse princípio pela simples razão de que ele não sabe que é negro, e só ficará sabendo disso ao ser punido com a expulsão do paraíso dos órfãos brancos. Mas a culpa, é claro, o precedia com o pecado de sua mãe, a maldição de seu avô, a longa história de espoliação e de ódio do Sul e, no final dessa cadeia, a maldição que paira sobre os homens desde que quiseram se apropriar do conhecimento do bem e do mal reservado à divindade.

Assim são as duas histórias de pobres que se cruzam: uma história que reduz a quase nada os melodramas de moças do povo seduzidas e abandonadas, e uma história que, ao contrário, refaz toda a cadeia das maldições que pairam sobre a raça humana. Esse cruzamento implica evidentemente uma poética particular. O romancista que leu Flaubert e Conrad, e sabe que a vida mais obscura é agora interessante de ser contada, duvida, apesar de tudo, que a linha reta traçada pela gentinha como Lena Grove possa dar matéria a um romance e não apenas a uma simples novela. Duvida que o romance possa abandonar a fórmula ancestral da ficção como passagem da fortuna ao infortúnio. E esse tempo dos modernos, esse tempo que todos dizem fadado ao frenesi da velocidade, ele sabe, pelo contrário, ser lento demais, atento demais ao peso de cada segundo, para assegurar a brutalidade da passagem ao infortúnio. Mas essa passagem ela própria não é mais o que era em Aristóteles: um encadeamento paradoxal de causas e efeitos nascido de um simples erro. Ela voltou a ser o que era antes dele: a maldição inelutável que pesa sobre uma família ou uma raça.

Uma outra linha reta mas que, desde o início, corre a toda velocidade para a catástrofe esperada.

Para que haja ficção é preciso que a história ínfima da inocente Lena Grove cruze a história infame de Joe Christmas, culpado, como Édipo, antes mesmo de nascer, ainda que a primeira, em contrapartida, oponha seu minimalismo tranquilo às imemoriais histórias de ódio e assassinato. É como se brancos e negros tivessem trocado suas histórias e Lena tivesse endossado a sabedoria da velha Dilsey, a sabedoria da não-mistura. Mas é preciso também que suas histórias se cruzem na casa de um homem imóvel em sua janela. Quarenta anos antes, um escritor que William Faulkner parece não ter ignorado, Maurice Maeterlinck, resumira a revolução da ficção numa simples oposição. As velhas histórias de filiação, de amor e de ódio — maridos ciumentos matando suas mulheres, pais imolando seus filhos, filhos assassinando seus pais, reis assassinados e virgens violadas — lhe pareciam refletir a gasta concepção de mundo de uma outra era. O drama novo, ele o via, pelo contrário, encarnado na atitude silenciosa de um velho "sentado em sua poltrona, esperando simplesmente sob a luz de uma lâmpada, escutando, sem o saber, todas as leis eternas que reinam em torno de sua casa, interpretando sem compreender o que há no silêncio das portas e das janelas e na pequena voz da luz".[2] Faulkner decidiu recusar essa oposição entre a ficção antiga e a ficção nova, ignorante demais das violências modernas da filiação e da raça, das quais sabe ser ele próprio o herdeiro. Mas guardou a figura do homem que escuta sentado à janela. Porém, fez dele aquele que ouve não o rumor silencioso dos destinos, mas o barulho dos ódios e das maldições que constituem o fundo de toda história. E conjugou a ficção nova com a antiga fazendo dessa poltrona de homem imóvel o ponto de encontro entre o modesto périplo de Lena Grove e a corrida para a morte de Joe Christmas.

---

[2] Maurice Maeterlinck, "Le Tragique quotidien", in *Le Trésor des humbles*, Bruxelas, Éditions Labor, 1998, p. 104 [ed. bras.: "O trágico cotidiano", in *O tesouro dos humildes*, trad. Maria José Sette Ribas, São Paulo, Pensamento, 1945].

A FALA DO MUDO

O som e a fúria de Faulkner é conhecido por dois traços essenciais. O primeiro é a complexidade de sua estrutura temporal, feita de idas e vindas desordenadas entre três dias de 1928 e um dia de 1910. A essa desordem temporal corresponde um estilhaçamento do relato entre quatro vozes narrativas: um relato objetivo e três narrações subjetivas, das quais uma é confiada ao estudante Quentin Compson, que vive seu último dia antes de um suicídio programado, e duas outras a seus irmãos, o frio e calculista Jason e o idiota Benjy. Sabe-se que é a narração de Benjy que abre o romance e lhe dá sua tonalidade. Esse papel atribuído ao idiota é o segundo traço notável do livro. Coloca-se, então, a pergunta: como compreender a relação aparentemente paradoxal entre a estrutura temporal complexa e sofisticada do romance e o peso que nele assume a fala bruta de um idiota, de um homem que supostamente vive na imediatez de um presente sem plano de fundo. Para responder a ela, é preciso afastar a interpretação que vê no privilégio dado ao idiota apenas a literalização da célebre frase do *Macbeth*, de Shakespeare, que dá título ao livro "A vida é uma história contada por um idiota, cheia de som e fúria, e que não significa nada". Segundo essa interpretação, Faulkner teria simplesmente tomado a frase ao pé da letra colocando a narração na boca de um idiota de nascença, incapaz de compreender nada do que vê e de coordenar nada do que sente. E é essa vivência de um ser afetado tão só por choques sensíveis sem reflexão que a narração esposaria.

Esse "pé da letra" é, no entanto, mais retorcido do que parece. De fato, uma coisa chama a atenção do leitor desde a primeira frase: o presente em que Benjy vive é logo de saída separado dele mesmo. O idiota fala no passado, e fala não do que está vendo, mas do que podia ver no que era outrora seu gramado e hoje é um campo de golfe: *Through the fence, between the curling flower spaces I could see them hitting.*[1] Desde a primeira frase, ele está na posição daquele que conta, que se separa de seu presente contando-o. E, numa única página, terá contado três cenas diferentes situadas em momentos diferentes. Pode-se dizer, é verdade, que esse tempo da separação é, por outro lado, uma marca de inseparação. O pretérito funcionaria então como língua da confusão dos tempos, língua de um passado que não passa. E é habitual remeter esse passado à cena primitiva e ao *es war* do inconsciente. Mas o pretérito utilizado na primeira pessoa por Benjy vem de uma outra fonte. Faulkner nos dá uma pista ao dizer que seu romance é a obra de um leitor que só ao escrever descobriu aquilo que devia a autores lidos outrora sem maior atenção: Dostoiévski, Conrad e Flaubert. O pretérito que utiliza incorpora à língua, como já fazia Conrad, um tempo que não existe em inglês. Incorpora o imperfeito flaubertiano, um tempo que o romancista francês tinha, por sua vez, desviado de sua função gramatical para fazer dele um modo próprio a embaralhar as distinções entre os modos, homogeneizando o curso dos acontecimentos constatados com o dos estados de consciência.

Essa importação comporta ao mesmo tempo um desvio essencial. Pois, em Flaubert, a homogeneização tinha uma condição. Ela só podia ocorrer na terceira pessoa, que ela transformava em voz impessoal da narração: a voz besta que exprime o que está ali sem razão, como um turbilhão de poeira ao vento; a bestice ontológica de um universo que não persegue nenhum fim. Essa bestice ontológica, Flaubert a opunha estritamente à bestice corrente, ou seja, a arrogância dos espertalhões que sempre encontram razões

---

[1] William Faulkner, *The Sound and the Fury*, Vintage Classics, Nova York, 1995, p. 1. A passagem é traduzida assim por M. E. Coindreau: "À travers la barrière, entre les vrilles des fleurs, je pouvais les voir frapper" ["Através da sebe, entre as gavinhas das flores, eu podia vê-los tacar"], in *Oeuvres romanesques*, *op. cit.*, t. 1, 1977, p. 351 [na tradução de Paulo Henriques Britto: "Do outro lado da cerca, pelos espaços entre as flores curvas, eles estavam tacando", *O som e a fúria*, *op. cit.*].

para o que é sem razão e se acreditam capazes de fazer essas razões servirem aos seus próprios fins: esclarecer os ignorantes como queria Homais ou seduzir idiotas como pretendia Rodolphe. Ainda que a voz de Jason, o homem "razoável", evoque a "sabedoria" de Homais, a dramaturgia de Faulkner não pode ser a da oposição entre as duas bestices. Pois a fatalidade nele não é, como em Flaubert, o puro acaso, a pura "bestice" de um rodopio de átomos; é um encadeamento causal que remonta sempre a uma danação mais antiga. A idiotia de Benjy faz parte da mesma herança que o alcoolismo de seu pai, a histeria de sua mãe, o parasitismo de seu tio, a ninfomania de sua irmã e de sua sobrinha, a fantasia incestuosa de seu irmão mais velho e a razão mesquinha de seu outro irmão. Em contrapartida, é mesmo a bestice flaubertiana da voz impessoal que vem logo de saída habitar, em primeira pessoa, a voz do idiota. Como compreender de outra forma as singularidades de seu monólogo? Como compreender, para começar, o simples fato de que o idiota nos retranscreva fielmente as palavras trocadas ao redor dele, que não devia compreender, inclusive as que falam dele dizendo que é surdo-mudo? O surdo-mudo que fala é a voz da escrita impessoal que absorveu em seu tecido homogêneo os gemidos e os grunhidos do idiota ao mesmo tempo que as palavras que giram ao redor dele. É fácil constatar que seu monólogo tem traços comuns com o de seu irmão Quentin, o estudante de Harvard, cuja frase é por vezes mais ampla e mais ornada, porém, em outras ocasiões, pelo contrário, ainda mais incongruente do que a sua. Quentin também nos descreve de um modo paratático o que ele "podia ver". Seu monólogo também é feito de uma confusão inextricável entre o presente e o passado, a percepção e a memória, a voz do falante e a voz dos outros. A fala de Benjy não se distingue nesse sentido da fala das pessoas "normais". É por isso, aliás, que sua narração deve regularmente se carregar de indicações práticas que nos recordam que aquele que fala é um idiota no sentido literal do termo: um deficiente que precisa que segurem a sua colher para que coma a sopa, um débil mental que só exprime suas sensações com gemidos ou gritos de fúria. Mas ela só pode recordar isso ao preço de recriar a distância entre o sujeito da narração e o animal de que ela fala.

Longe de o romance tomar emprestada a voz do idiota mudo para dizer o absurdo da vida, ele empresta, pelo contrário, àquele que não fala, um outro mutismo. Empresta-lhe esse "mutismo" já denunciado por Platão, a voz da escrita impessoal que suprime todo e qualquer trajeto orientado da palavra e refuta toda hierarquia entre os seres falantes. É por meio desse empréstimo que ele pode dar fala articulada ao canto ininteligível da "velha bomba enferrujada" sobre o qual vinha se arrebentar, em Virginia Woolf, o circuito feliz do momento sensível partilhado. Não se trata de fazer um idiota dizer que o mundo é idiota. Trata-se, pela escrita, de transformar o som do idiota em palavra humana. Todo o trabalho do romance poderia ser resumido em duas frases da última parte, essa parte da narração objetiva em que, naturalmente, Benjy não fala, porque, objetivamente, um idiota surdo-mudo não fala. Quando muito, grunhe. E é bem isso o que nos diz o narrador nesse ponto ao nos falar da queixa emitida por Benjy. "Não era nada, apenas som." Mas a frase seguinte transforma esse nada na virtualidade de um tudo: "Isso poderia ter sido a totalidade do tempo, da injustiça e da dor ganhando voz por um instante graças a uma conjunção de planetas."[2] Nessa simples frase se encontram a um só tempo condensadas e contestadas as duas grandes oposições que serviram para hierarquizar os humanos a partir de suas maneiras de ser e de falar, as duas oposições formuladas paralelamente na *Poética* e na *Política* de Aristóteles. Há a oposição entre dois tempos, o da crônica, que diz apenas como as coisas acontecem umas depois das outras, e o da ficção, que diz como elas *podem* acontecer. E há essa outra célebre oposição que funda a comunidade política ao separar dois usos do órgão vocal: a voz animal, que sinaliza o prazer ou a dor sentidos, e o *logos* humano, que permite manifestar e pôr em discussão o justo e o injusto. Essa totalidade de injustiça normalmente muda e que ganha voz por um instante evoca aquelas dramaturgias da política em que os seres tidos por mudos ganham voz não apenas para dizer seu sofrimento, mas para afirmar sua capacidade de falar — e de falar sobre a justiça. Tal era a cena exemplar da secessão da plebe romana

[2] William Faulkner, *Le Bruit et la fureur*, *op. cit.*, p. 602.

sobre o Aventino reescrita por Ballanche no tempo das revoluções modernas. Para dar a ouvir a justiça de suas reivindicações, os plebeus deviam primeiro dar a ouvir que falavam. Deviam dá-lo a ouvir a patrícios para quem isso era uma impossibilidade física: no que saía das bocas plebeias não havia para eles palavra alguma, mas apenas, como diz um desses patrícios, "um som fugidio, espécie de mugido, signo da necessidade e não manifestação da inteligência".[3] As duas frases de Faulkner sobre a queixa do idiota nos oferecem como que uma cena original da literatura, simétrica à cena original da política figurada por essa narrativa da secessão plebeia. Simétrica e dissimétrica ao mesmo tempo. Pois, claro está, jamais o idiota tomará "ele próprio" a palavra para provar que fala. É o escritor, e somente ele, que se encarrega de expor a "totalidade do tempo, da injustiça e da dor ganhando voz por um instante graças a uma conjunção de planetas".

É a forma específica de dissenso que a literatura pratica com suas palavras. A política pratica o dissenso sob a forma da palavra coletivamente tomada por aqueles que tencionam fornecer a prova de que falam. Já a literatura confere uma palavra singular àqueles que não podem provar isso, àqueles que não podem absolutamente falar. Não é a palavra bruta do idiota — a palavra de sua dor — que o romance empresta a Benjy; é uma palavra dos sem voz, a palavra de uma justiça mais profunda e mais distante. Ao identificar a voz do mudo com a voz da escrita muda, o romance de Faulkner exerce sua própria justiça. Ele constrói o mundo sensível onde essa queixa é ouvida como discurso: um mundo sensível que inclui sua contradição. O que o paradoxo da escrita do idiota implica, de fato, não é a simples compaixão pelas vítimas. É a existência daquele tempo comum e daquele mundo comum que Auerbach via anunciados no momento qualquer de Virginia Woolf. E, decerto, ele falava desse tempo e desse mundo de uma maneira um pouco simples demais. Pois, na realidade, o comum é sempre uma relação tensa entre o comum e o não-comum, entre o partilhado e o impartilhável. O tempo dos vencedores afirma ser o mesmo

[3] Pierre-Simon Ballanche, *Première sécession de la plèbe*, Rennes, Pontcerq, 2017 (1829), p. 117.

para todos, mas é para melhor relegar a suas margens e seus asilos aqueles que não se adaptam a seu ritmo. Já a ficção do idiota propõe uma outra articulação entre o comum e o não-comum. De um lado, ela dá ao idiota esse tempo enriquecido, esse tempo multiplicado em profundidade que se opõe ao tempo monocórdio dos espertalhões. Do outro, mantém, como uma ferida no coração do mundo comum, a irredutibilidade da separação entre o idiota e as pessoas normais.

É no interior dessa tensão entre o comum e o não-comum que a singularidade do monólogo do idiota se articula com a da pluralidade das narrativas. Seu monólogo encontra eco longe dali, no Norte das pessoas instruídas, no monólogo do estudante Quentin, feito da mesma confusão dos tempos e das vozes. Nele se opõem, em contrapartida, duas narrações em linha reta, duas narrações que não ouvem sua palavra. A narração objetiva que ouve apenas seus gemidos, e o monólogo do terceiro irmão, o homem razoável, Jason, que alimenta a família com seu trabalho, um trabalho que consiste, sobretudo, em duvidosas especulações no mercado de curto prazo com um dinheiro que não é seu. Jason é o homem que não confunde os tempos, o homem da racionalidade econômica e do progresso linear da história, esse progresso que empurra para a porta de saída os idiotas e, de modo mais geral, os inadaptados, aqueles que não são capazes de se adaptar a sua marcha racional. A voz pessoal de Jason é a voz da outra bestice flaubertiana, a voz dos racionalizadores *à la* Homais. O leitor se lembra que a grande causa de Homais, no final de *Madame Bovary*, é mandar para o asilo o cego cujo rosto hediondo e cuja presença pedinte na via pública são um insulto ao progresso da civilização. O tempo de Jason é, ele também, orientado para o momento em que cada um estará no lugar que lhe cabe: em que ele será finalmente o senhor em sua casa e em que o idiota estará no lugar que naturalmente o espera, o manicômio. A complexidade da estrutura narrativa do romance, com seu estilhaçamento dos tempos e das vozes, serve para retardar indefinidamente o momento em que ele poderá realizar esse desejo. Serve para reter o idiota num tempo e num mundo comuns e, com ele, todos aqueles que o tempo da economia e do poder, o tempo dos vencedores, para retomar as palavras de

Benjamin, empurra continuamente para as margens, para espaços fora de lugar e tempos fora do tempo.

O tempo estilhaçado da escrita retarda o tempo linear da História, o tempo que pertence aos Rodolphe, aos Homais e aos Jason, que acresce os recursos dos rentistas, dá medalhas de honra aos publicitários e envia os deficientes para o asilo. É aí que se exerce a política modesta e feroz da nova ficção. Ela não propõe soluções para curar os deficientes, mas detém a mão daqueles que os enviam para o asilo. Ela os mantém presentes retardando indefinidamente, pelo tempo da escrita, o tempo das razões que os enviam para o lugar onde serão enclausurados. O "momento qualquer" não é apenas aquele momento de condensação única com ressonâncias infinitas que a novela isolava, no tempo de Tchekhov ou de Maupassant, como uma janela entreaberta para um mundo de vidas e de emoções ignoradas. Ele é também essa potência de estilhaçamento, essa potência de multiplicação que explode o tempo dominante — o tempo dos vencedores — no ponto mesmo de sua "vitória" mais assegurada: naquela beira do nada a que ele relega os que estão fora da palavra e fora do tempo.

O DESMEDIDO MOMENTO

"Esta é a estória. Ia um menino [...]."[1] Assim começa a primeira das *Primeiras estórias* de João Guimarães Rosa: com um menino que pega o avião para ir ver as obras da grande cidade que está sendo construída no deserto. A história se chama "As margens da alegria". Esse menino sem idade e sem nome, nós o encontraremos novamente, fazendo o mesmo trajeto, na vigésima primeira e última história, intitulada "Os cimos". Esta termina, muito naturalmente, com o avião aterrissando de volta. "Chegamos, afinal!", diz o tio que o acompanha. "Ah, não. Ainda não...", responde o menino, como se desejoso de permanecer mais um instante no tempo da história, de fazer recuar o que vem ao final da viagem: "E vinha a vida".[2]

Tudo parece assim se passar no estreito intervalo que separa a história do ponto de onde ela vem e para onde retorna: a vida. E, no entanto, a história que acontece ao menino não oferece nenhum acontecimento espetacular. O que constitui ordinariamente a matéria das histórias se encontra aí jogado para o lado, transformado em simples causa ou pretexto da viagem: no primeiro ca-

[1] João Guimarães Rosa, *Primeiras estórias*, Rio de Janeiro, José Olympio, 11ª ed., 1978, p. 3. [Trata-se da abertura do conto "As margens da alegria", traduzido para o francês como "Les Bords de la joie": "Et voici l'histoire: un garçon s'en allait". A língua francesa não assinala distinção entre "estória" e "história", e tampouco o faz Rancière. Assim, para evitar arbitrariedades, a tradução optou por, no texto do autor, verter "histoire" sempre por "história". Vale observar que o título original deste capítulo, "Le moment sans mesure" ("O desmedido momento"), corresponde ao título da última parte do conto de Rosa, "Os cimos", aqui comentado. (N. do T.)]

[2] "Os cimos", *ibid.*, p. 156.

so, o futuro da grande cidade em construção; no segundo, a doença da mãe que impõe o afastamento do menino. A própria viagem se condensa a cada vez no alumbramento de um momento: há, na primeira narrativa, a "margem de alegria" — a beirada alegre — oferecida pela visão de um peru que se pavoneia no quintal, alegria logo anulada já que o animal estava ali apenas para uma satisfação mais trivial, a dos comensais de uma festa de aniversário. E há, na segunda, o cimo, a felicidade propiciada por um tucano que aparece todas as manhãs precisamente às seis e vinte para, durante dez minutos, borrifar com seus coloridos o dia nascente, e anunciar assim não que a mãe está curada, mas que ela *nunca* tinha estado doente, "nascera sempre sã e salva!".[3]

Não devemos nos enganar quanto ao sentido da história: não se trata de opor o gosto infantil pelo maravilhoso ao prosaísmo da vida ordinária. De resto, o peru no quintal e o tucano na árvore têm efetivamente mais realidade que os projetos urbanísticos ou os telegramas que dão notícias da mãe distante. Mas tampouco se trata de opor os pequenos fatos vividos aos grandes acontecimentos. Trata-se de identificar o desvio por meio do qual há histórias, por meio do qual a história se escreve como diferente da vida mesmo fazendo parte desta e sendo feita de seus materiais.

É isso que "Primeiras estórias" pode querer dizer. Essas histórias, na realidade, não foram as primeiras escritas por João Guimarães Rosa. E ele não hesitará em publicar "Terceiras estórias", mesmo que as segundas nunca tenham existido. Assim como não hesitará em chamar uma de suas histórias de "A terceira margem do rio" — quando um rio de três margens parece inconcebível. A terceira margem está mais para seu meio, mas um meio singular, tornado beira imóvel, o meio de um rio-lago que não se dirige para mar algum. As "primeiras estórias" devem ser compreendidas assim. São beiras de história, quase-histórias, que desenham as beiras de toda história, os momentos em que a vida se separa de si mesma ao se contar, transformando-se em "vida verdadeira": uma vida que, justamente, não tem margens e que contravém assim ao princípio aristotélico de toda ficção — o de ter um come-

---

[3] *Ibid.*, p. 154.

ço, um meio e um fim e de se dirigir do primeiro ao último através de um encadeamento concertado de causas e de efeitos. Não é que Guimarães Rosa queira opor alguma lógica autotélica supostamente moderna à ficção tradicional. Mais que qualquer outro, ele considera a ficção uma função da vida e, especialmente, diz ele, daquela vida do sertão, onde, uma vez satisfeitas as necessidades do rebanho e das plantações, não há mais nada a fazer, na fazenda separada da fazenda vizinha por várias léguas, salvo inventar histórias.[4] Mas, justamente, é preciso ter vivido a vida — sem história, povoada de histórias — do sertão para saber que a vida não ficciona à maneira aristotélica. E é preciso talvez alguns "contos críticos",[5] algumas quase-histórias ou fábulas experimentais do nada e do quase nada, do alguém e do ninguém, do acontecimento e do não-acontecimento, para mostrar como a vida se separa imperceptível e radicalmente de si mesma, como ela se torna "viver verdadeiro" ao transpor o limite que separa *o que acontece* d'*o que há*. O desvio, precisamente, não é aquilo que se acredita normalmente, aquilo que habitualmente dá lugar à história. É por isso que a primeira forma, a mais simples, do conto crítico, é a da história esperada e que não acontece. A história "esperada" é aquela que se deduz de uma situação e das personagens que se encontram nela. É assim que, em "Famigerado", um cavaleiro chega, com "cara de nenhum amigo" e armas bem lustradas, acompanhado de três capangas, para pedir ao narrador uma "opinião".[6] Ao ouvi-lo proferir seu nome, o de um matador impiedoso conhecido a léguas de distância, o narrador tem motivos de sobra para temer o tipo de opinião que lhe será pedida. A consulta, no entanto, é puramente linguística. O valentão quer saber se deve se considerar insultado pelo adjetivo com que um presumido "moço do Governo" se referiu a ele: "famigerado". E irá embora contente depois

[4] "No sertão, o que pode fazer uma pessoa do seu tempo livre a não ser contar histórias? A única diferença é simplesmente que eu, em vez de contá-las, escrevia." João Guimarães Rosa, "Diálogo com Günter Lorenz", in *Ficção completa*, Rio de Janeiro, Nova Aguilar, 1994, t. 1, p. 33.

[5] *Ibid.*, p. 35.

[6] "Famigerado", *ibid.*, p. 9.

de o narrador lhe assegurar, diante de suas três testemunhas, que a palavra quer dizer simplesmente *célebre*, *notório*, e não carrega nenhuma conotação pejorativa. O motivo de briga, o motivo das histórias à moda antiga, em que alguém matava para se vingar de um insulto, se vê assim desarmado. As contas se acertam agora com uma opinião de linguista.

Contudo, numa outra história, "Os irmãos Dagobé", o desenlace sangrento parece inevitável. Vão enterrar o mais velho de um bando de quatro irmãos malfeitores. Ele foi morto em legítima defesa por um homem pacífico e honesto, mas isso não muda nada quanto à vingança esperada dos outros três. Na vida, prevemos a continuação de um caso porque sabemos *até aonde* indivíduos podem ir em função daquilo que são. Assim, quando o honesto assassino, para provar sua boa-fé, se oferece para ser o quarto carregador do caixão, os "circunstantes" só podem deplorar a loucura daquele rapaz que vem provocar ainda mais o *até aonde*, como se "o que já havia" não bastasse.[7] A história é então construída segundo a fórmula do suspense, em que a questão é saber em que momento acontecerá aquilo que se sabe que tem de acontecer, momento que cabe à arte de narrar retardar até o ponto que permita à tensão atingir seu clímax. Aqui, esse momento chega quando o corpo está na cova e os irmãos se veem finalmente livres para usar seus braços de outro jeito. Só que é justamente nesse momento que o acontecimento não acontece. O mais velho dos sobreviventes diz simplesmente o que *sucede*: o irmão deles era "um diabo de danado". E, quanto a eles, vão deixar o lugar das histórias e se mudar para a cidade grande. A história dos "Irmãos Dagobé" terá sido exemplarmente uma não-história: uma liquidação das histórias à moda antiga, não apenas dos casos de vinganças sem fim, mas das histórias em que se podia saber o que as situações e as personagens traziam em si de futuro.

As "verdadeiras" histórias são então aquelas em que não se joga mais o jogo do encadeamento entre o que está previsto e o que advém. O próprio tema da fábula entra nelas em contradição com a necessidade, que de resto é sua, de se manter entre um co-

---

[7] "Os irmãos Dagobé", *ibid.*, p. 25.

meço e um final. Realiza-se num fora-do-tempo, o tempo do "in-começado" que, por definição, não pode parar. Nessas fábulas do quase nada que formam o cerne das *Primeiras estórias*, é possível ver, evidentemente, alegorias filosóficas ou religiosas. Teologia negativa e douta ignorância, despojamento franciscano e união mística dos contrários propõem constantemente ao leitor suas chaves de leitura. Os comentadores não deixaram de recorrer a elas. E Guimarães Rosa estende eventualmente a mão aos exegetas oferecendo-lhes a demasiado clara analogia crística de um moço vestido de branco que aparece após um grande terremoto e realiza alguns discretos milagres e bênçãos antes de retornar a uma outra pátria.[8] Mas se esse homem de grande cultura podia ter na cabeça todas as doutrinas que suas histórias poderiam ilustrar, é claro que também tinha na cabeça a tradição dos contos, fábulas e lendas. E é da própria ficção que suas histórias nos falam, da ficção e da suspensão que ela implica. Não apenas a suspensão da descrença — a mais simples, a demasiado simples —, mas a suspensão daquilo que sustenta a própria crença: a ordem ordinária do tempo, a maneira habitual de ocupar um espaço, de se identificar como indivíduos, de se inscrever em relações de filiação e de se reportar a formas de uso ou a objetos de posse. Não devemos nos deixar enganar pela referência ao sertão como lugar de fabulação natural: a ficção não é o tesouro que os simplórios transmitem entre si de geração a geração junto com os móveis de família e as tradições locais. É a capacidade de recomeçar a cada vez o salto no "incomeçado", de transpor de novo a fronteira para entrar em espaços onde todo um sentido do real se perde com suas identidades e suas referências.

Esse espaço é, por exemplo, a fazenda que serve de marco à novela exemplarmente intitulada "Nenhum, nenhuma". Esse título tem uma dupla justificação: primeiro, nenhuma das personagens do conto tem nome; mas também pode ser que elas nunca tenham existido senão na cabeça daquele que tentar reconstituir uma história que lhe parece ter acontecido outrora numa casa distante, mas cuja veracidade nenhuma testemunha pode lhe garantir. A

[8] "Um moço muito branco", *ibid.*, pp. 86-91.

própria identidade dessa personagem que "se lembra" é duvidosa: ao longo da narrativa ela é nomeada na terceira pessoa, "o menino", até assumir, no último momento — o da volta a uma casa familiar da qual ele nunca foi visto indo embora —, a primeira pessoa que faz dela o narrador incerto dessas lembranças. E as personagens cuja história — a possível história — ele conta tampouco têm nomes próprios: em volta do menino há — teria havido — o homem, a moça — aparentemente filha do homem —, o moço (vindo de onde?) que está apaixonado por ela e a velhinha acamada ao redor da qual a história se constrói: a "Nenha", cuja denominação negativa expressa apenas a ausência de nome, a ausência de identidade e mesmo de posição precisa na ordem das gerações. De fato, ninguém mais sabe desde quando essa velhinha, que não reconhece nada nem ninguém, está ali, deitada em sua cama como uma criança em seu berço; ninguém sabe de quem ela é ou foi mãe, avó ou bisavó. Se a moça é apresentada como uma princesa de conto de fadas em sua torre, a velhinha é uma Bela Adormecida que voltou à infância por nunca ter sido despertada. É uma pura existência, extravagante, irresponsável, "que durava, visual, além de todas as raias do viver comum e da velhez, mas na perpetuidade".[9] E essa vida imobilizada impede o destino feliz, o destino normal do conto: que a moça se case com o moço que ama e pelo qual é amada. Esse é o desejo normal do moço, "simples homem", que quer "seguir o viver comum, por seus meios, pelos planos caminhos!".[10] A moça opõe a isso seu desejo que é também seu dever: permanecer junto daquela velhinha em quem a vida se esqueceu, continuar fiel a uma vida não sujeita à mudança, imóvel até a imobilidade derradeira da morte.

Essa vida em que nada acontece não é simplesmente o desejo de uma moça isolada do mundo, é o lugar paradoxal da ficção, o lugar sem história onde as histórias podem desabrochar. A moça é a guardiã da ficção, a guardiã daquela vida verdadeira cuja possibilidade deve ser sempre preservada, no interior mesmo do viver

---

[9] "Nenhum, nenhuma", *ibid.*, p. 48.

[10] *Ibid.*, p. 49.

ordinário, mas cuja linha de separação é preciso também retraçar indefinidamente. A história do menino que tenta se lembrar e a história de amor impossível que é objeto dessa recordação se reúnem nesse ponto. Deve haver uma vida em que tudo se mistura e nada se esquece. Deve haver também um tempo em que o menino transformado numa "pessoa" entre, com as outras personagens, numa única e mesma vida indistinta. Mas a lei da vida ordinária é a da separação e do esquecimento. "Nenhum, nenhuma", em suma, resume em algumas páginas a moral que *Em busca do tempo perdido* estende por sete volumes: tão só o esquecimento é a condição da lembrança, a ausência de amor é o lugar onde desabrocham as histórias de amor; e a vida verdadeira é o que só existe à margem da vida, por ruptura dos vínculos temporais segundo os quais os indivíduos dependem uns dos outros.

"Nenhum, nenhuma" termina com um grito de raiva do menino contra seus pais que vivem no tempo de um viver muito ordinário e querem prosaicamente saber se ele trouxe da viagem todos os seus pertences em bom estado: "Vocês não sabem de nada, de nada, ouviram?! Vocês já se esqueceram de tudo o que, algum dia, sabiam!".[11] Mas, em "A terceira margem do rio", é o próprio pai, homem são e tranquilo, que parte, um dia, na canoa construída com esse fim, para o lugar onde se esquece o esquecimento. Na mitologia antiga, o Lete era o rio de esquecimento que as almas dos mortos deviam atravessar para perder a lembrança de sua vida anterior e se preparar para entrar num novo corpo. Mas a literatura não é a mitologia. Ela não faz passar de uma margem para a outra. Ela se mantém no meio, num intervalo ele próprio sem beira. A impensável terceira margem do rio é esse meio onde a própria passagem já não passa. O pai tomou um dia, sem dar explicação alguma — salvo, talvez, para uma testemunha que, evidentemente, desapareceu —, o caminho desse meio paradoxal. O problema não é se é possível sobreviver numa canoa no meio das águas. As religiões antigas colocavam mantimentos nas barcas dos mortos, o filho deposita na praia, discretamente, alimentos que servem ao mesmo propósito. Mas o pai não partiu para a margem

---

[11] *Ibid.*, p. 50.

dos mortos. Partiu para o meio do rio, o meio onde se anula aquilo que constitui a própria realidade de todo rio, o fato de correr para um outro rio que, ele próprio, corre para o mar. Pois essa canoa, invisível a maior parte do tempo, reaparece sempre no mesmo lugar. O meio do rio é o ponto inexistente onde os paradoxos heraclitianos são negados por um paradoxo superior, o ponto onde o rio não corre. Esse é o acontecimento impensável, avassalador, que o conto conta: "Aquilo que não havia, acontecia".[12] O pai resolveu permanecer "naqueles espaços do rio, de meio a meio". Essa extravagância sem deriva, essa transgressão imóvel da lei "do que há" se posta como um enorme ponto de interrogação dirigido a todos aqueles que, como o jovem simples de "Nenhum, nenhuma", seguem "o viver ordinário", aquele que corre do passado para um futuro. Assim a filha que se casa, vira mãe e parte com seu marido para longe do pai que não quer ver o neto nem de longe; e a mulher que acaba por ir morar com a filha. O filho, o narrador, fica sozinho, "com as bagagens da vida",[13] na margem dos viventes ordinários, guardião daquele que se retirou para o meio, para o fora-do-tempo. Mas seria preciso ainda mais para a realização completa de sua função de guardião. Ele teria que se tornar o herdeiro, o sucessor daquele que recusou toda filiação ao assumir seu posto no meio do rio. É a troca que, da margem, o filho propõe ao pai em sua canoa, que este parece aceitar, mas a que o filho, no último instante, se esquiva. A história é então condenada a terminar com uma dupla ausência. O pai desaparece para sempre, o filho permanece na beira. Ele é "o que não foi",[14] o que vai doravante "ficar calado", permanecer no silêncio. A "vida verdadeira" não se conhece, ela está destinada a permanecer no intervalo entre a ausência e o silêncio, entre duas inexistências perdidas no meio e na beira do rio que sempre corre para separá-las.

Desenhar até a beira do silêncio, as beiradas sem beiradas dessa ausência, é o trabalho da ficção. É o trabalho que ela realiza

---

[12] "A terceira margem do rio", *ibid.*, p. 28.

[13] *Ibid.*, p. 31.

[14] *Ibid.*, p. 32.

e, ao mesmo tempo, torna imperceptível, confiando-o a suas personagens, loucos razoáveis e metódicos cujas extravagâncias desfazem calmamente as balizas do viver ordinário. É o trabalho que realiza, em "Nada e a nossa condição", aquele homem que "ninguém conheceu uma vez", o rei de conto de fadas dissimulado sob a aparência da personagem menos propícia aos encantos da ficção: um rico e honesto proprietário rural. Com a morte da esposa, Tio Man'Antônio também se retira "em ambíguos âmbitos e momentos".[15] Mas não se isola nem se fecha num compartimento secreto. Seu projeto é, ao contrário, fazer de sua propriedade o centro de um espaço inteiramente desimpedido, o que quer dizer, em última instância, um espaço sem propriedade. É o que se resume na máxima que se torna sua fórmula, que ele opõe às interrogações dolorosas de suas filhas sobre os altos e baixos da vida e impõe, à guisa de explicação, aos que trabalham na execução de seu projeto: "faz de conta". Mas não se trata de consentir num fingimento, de suspender a descrença em proveito de uma falsa aparência. Mais uma vez, o que é preciso suspender é a crença "no que há". Aquilo a que a extravagância do pai se propõe é à criação do espaço desfamiliarizado, desdomesticado, do viver verdadeiro: um espaço que se estende até os cimos, *até aonde* um olhar pode ir quando não há obstáculo: o espaço do conto, em suma. Para esse fim, Man'Antônio mobiliza cavadores e jardineiros que aplainam os morros e destroem os bosques de árvores e os canteiros de flores que faziam a alegria da razoável e finada esposa. Desse espaço, é claro, as filhas logo se verão expulsas, casadas com genros que as levarão para viver longe dali. Mas ele próprio se excluirá dele, doando pouco a pouco seus bens a todos aqueles que gravitam à sua volta — empregados de todas as cores de pele, camponeses e vaqueiros — antes de desaparecer no incêndio final que devasta a casa e reduz seu corpo a cinzas. Assim a ficção devora seu impossível lugar, à distância/no meio, e consome as extravagantes e os extravagantes que faz existir por um momento.

Não que não possa haver ficções felizes e maneiras felizes de figurar seu trabalho, o trabalho do nada que separa nossa condi-

---

[15] "Nada e a nossa condição", *ibid.*, p. 71.

ção de si mesma. Ao pretendente rechaçado pela guardiã da Nenha, opõe-se o "senhor-moço" de "Sequência". Este encontra, num instante de evidência, o amor que não procurava e que no entanto o aguardava numa morada de Bela Adormecida cuja existência ele ignorava e para onde o conduzira aquela que ele mui prosaicamente perseguia: uma simples vaca fujona, uma vaca que, ela, sabia aonde ia: à fazenda de seus antigos donos. Seguir a vaquinha que "transcendia ao que se destinava" era correr o risco de entrar no "incomeçado, o empatoso, o desnorte, o necessário".[16] Esse instante do encontro com o incomeçado se dilata numa outra história. Torna-se a própria textura temporal de "Substância", história de amor tão improvável quanto feliz entre o tímido fazendeiro Sionésio e a Cinderela miserável, filha de leproso e mulher leviana, que, no quintal da fazenda, realiza o duro trabalho de quebrar nas lajes o polvilho cuja alvura chega a ofuscar os olhos. A brancura deslumbrante do polvilho basta aqui para fazer as vezes de carruagem e vestido brilhante a fim de que o príncipe reconheça a princesa na criada e que os dois se unam avançando sem se mexer, no lugar e no tempo que convêm à felicidade do viver verdadeiro — da ficção: o acontecimento do não-fato e do não-tempo, "o viver em ponto sem parar".[17]

O "ponto sem parar", o desmedido momento, é claro, só expande sua infinidade até as imediações do ponto final onde toda história contada deve terminar. Não porque a triste realidade da vida desminta as ilusões da ficção. Mas porque esse próprio fim é um meio de prestar homenagem à capacidade da ficção de fazer com que a vida se infinitize, vá além de si mesma. Todo final de história é então duas coisas ao mesmo tempo: um salto do infinito no finito e uma passagem do finito ao infinito. É o que resumem talvez duas novelas de tonalidade bem diferente, "Pirlimpsiquice" e "Sorôco, sua mãe, sua filha". A primeira é uma fábula de colégio. Alguns felizes eleitos ensaiam uma peça para a festa da escola sob a direção de um professor. Para proteger dos curiosos o segre-

---

[16] "Sequência", *ibid.*, p. 58.

[17] "Substância", *ibid.*, p. 138.

do da história que vão representar, inventam e fazem circular uma falsa história, a qual, por sua vez, suscita nos invejosos a invenção de uma terceira história. No dia da apresentação, um imprevisto obriga o ponto, que é também o narrador, a assumir o papel principal, e o professor a se enfiar em seu lugar, na caixa do ponto. É a deixa para o franco-atirador da trupe começar a representar a falsa história dos invejosos, ao que o protagonista e seus comparsas respondem, é claro, representando sua própria "inventada estória", aquela que tinham inventado para manter secreta a história do professor. A vertigem da batalha das histórias ganha então a plateia e o palco, onde os atores, tendo esquecido quem eram, "transvivem, sobrecrentes",[18] voando "num amor, nas palavras", em sua própria equivalência — "o verdadeiro viver" — até que a angústia se apodera do herói: como acabar com esse tempo que não passa mais? A felicidade sem fim das palavras não pode pôr um termo à felicidade sem fim das palavras. Só resta uma solução: avançar falando sobre a beira da beira até despencar na plateia. Depois do quê o mundo para; depois do quê, no dia seguinte, recomeçam os jogos ordinários: a "fera briga" para saber qual era a melhor história.

À farsa escolar se opõe, aparentemente, o lamento de "Sorôco, sua mãe, sua filha". Nenhuma expectativa de drama ou surpresa de extravagância. O drama já foi representado. E nenhum "louco" tem como impor seu roteiro de viver verdadeiro e de tempo parado. As loucas aqui são "verdadeiras" loucas, a mãe e a filha de Sorôco; e, para elas, o tempo parado, o tempo sem começo nem fim, é simplesmente o tempo que as espera na cidade dos hospícios, Barbacena, para onde o trem vai levá-las num vagão de janelas gradeadas. A narrativa parece assim não ser mais que a história de um fim sem começo, efeito de uma desgraça que, para esse tipo de gente, é o de sempre. Parece se resumir à cerimônia de adeus da multidão anônima a essas desgraças sem nome. Mas algo mais se passa. Quase nada. De braço erguido, a jovem louca se põe a cantar: uma cantiga que "não vigorava certa, nem no tom nem

[18] "Pirlimpsiquice", *ibid.*, p. 41.

no se-dizer das palavras";[19] uma cantiga semelhante, portanto, ao barulho de bomba d'água enferrujada da criatura sem idade nem sexo de *Mrs. Dalloway*, próxima também da queixa do idiota de *O som e a fúria*, esse *nada* que o romancista logo transformava em *tudo*. Ora, acontece que essa cantiga desatinada que ninguém consegue identificar, esse concentrado insensato de tempo e de injustiça que parece encerrar a moça definitivamente em sua loucura, vai, na narrativa de Guimarães Rosa, produzir exatamente o contrário. Ela vai passar de boca em boca, como numa cena de ópera. No momento da partida, ela é retomada pela mãe de Sorôco, com uma voz que ganha corpo lentamente para acompanhar sua neta num canto interminável cuja letra os presentes tampouco compreenderão, mas no qual saberão reconhecer "um constado de enormes diversidades desta vida, que podiam doer na gente, sem jurisprudência de motivo nem lugar, nenhum, mas pelo antes, pelo depois".[20] Então, quando o vagão já se afastou, é retomada de repente a solo pelo próprio Sorôco, e finalmente por um coro inteiro em uníssono, que o acompanha até sua casa vazia. "A gente, com ele, ia até aonde que ia aquela cantiga", diz a última frase da história. Mas, justamente, não há limite para esse "até aonde". A cantiga insensata, a cantiga da desgraça partilhada através da linha que separa as pessoas sensatas das insensatas e aqueles que ainda estão aqui daqueles que nunca mais estarão, se expande agora sem fim no interstício do momento qualquer. Ao embaralhar a partilha entre o canto humano e o som dos animais ou das coisas, ela retém para sempre num mundo comum aquelas que não estão mais aqui. A louca foi além daquilo que se podia esperar dela, e a solidariedade da multidão a acompanhou indo além de suas formas esperadas, pondo-se a cantar aquele canto que ela, multidão, ignorava, tornando-se canto ela mesma. A ficção é aquilo pelo que o *até aonde* se excede a si mesmo. O coro de anônimos que acompanha o homem sozinho até sua morada vazia está ali para recordar: o excesso da ficção não é a ilusão que consola da realidade,

[19] "Sorôco, sua mãe, sua filha", *ibid.*, p. 14.

[20] *Ibid.*, p. 15.

tampouco é o exercício do virtuosismo dos habilidosos. Ele pertence à capacidade que a vida tem, entre os mais humildes e os mais ordinários, de ir além de si mesma para cuidar de si mesma.

A literatura reafirma a seu modo a capacidade de inventar que pertence a cada um, à louca que inventa sua cantiga, ao sertanejo que inventa suas histórias ou ao escritor que inventa as histórias deles. Os que dizem que a literatura do escritor é inútil porque a gente do sertão não a lerá querem dizer simplesmente que ninguém deve contar histórias, que todo mundo deve apenas acreditar *no que há*, aderir ao que é. A fé do escritor é a de que os sertanejos também parariam de contar histórias se ele parasse de contar as histórias deles. Essa fé, nenhuma enquete de sociologia da cultura poderá comprovar. É por isso que o escritor deve comprová-la por si mesmo, e só tem um jeito de fazer isso: escrevendo.

ÍNDICE ONOMÁSTICO

AGRADECIMENTOS

Agradeço àquelas e àqueles que impulsionaram este trabalho e me permitiram esboçar seus temas e contornos. Minha gratidão em primeiro lugar a Azucena Gonzáles Blanco e Erika Martínez, organizadoras do colóquio "Políticas de la literatura", ocorrido em Granada, em dezembro de 2014. Minha reflexão prosseguiu e seus temas foram discutidos graças aos convites de diversas instituições: A Universidade da Califórnia, em Los Angeles e em Irvine; a Academia de Belas-Artes, em Düsseldorf; a Fundação Gulbenkian, em Paris; a Universidade de Toulouse/Jean Jaurès; as edições Monokl, em Istambul; o festival Philosophia, de Saint-Émilion; e a Universidade Nacional de Valparaíso. Minha intervenção em Irvine foi publicada com o título de "Fictions of time" na obra coletiva *Rancière and Literature*, organizada por Grace Hellyer e Julian Murphet.

"Les bords de la fiction" foi inicialmente o título de uma conferência proferida em 2016 na Fundação Gulbenkian e publicada por essa instituição.

Uma primeira versão do capítulo "O inimaginável" foi publicada em 2014 no *Cahier de l'Herne* dedicado a Conrad, sob a direção de Josiane Paccaud-Huguet e Claude Maisonnat.

Uma primeira versão do capítulo "O momento qualquer", intitulada "Política da ficção", compôs, com uma imagem de Alfredo Jaar, o número 3 da revista *L'Estació*, publicado em Barcelona em maio de 2016.

Os outros capítulos deste livro são inteiramente inéditos.

SOBRE O AUTOR

Nascido em Argel, em 1940, Jacques Rancière é Professor Emérito de Estética e Política da Universidade de Paris VIII — Vincennes/Saint-Denis, onde lecionou de 1969 a 2000. Entre suas obras mais recentes, destacam-se *L'inconscient esthétique* (2001), *La fable cinématographique* (2001), *Le destin des images* (2003), *Les scènes du peuple* (2003), *Malaise dans l'esthétique* (2004), *La haine de la démocratie* (2005), *Le spectateur émancipé* (2008), *Moments politiques: interventions 1977-2009* (2009), *Aisthesis: scènes du régime esthétique de l'art* (2011), *Le fil perdu* (2014) e *Les temps modernes: art, temps, politique* (2018).

Tem os seguintes livros publicados no Brasil: *A noite dos proletários* (Companhia das Letras, 1988), *Os nomes da história* (Educ/Pontes, 1994), *Políticas da escrita* (Editora 34, 1995), *O desentendimento* (Editora 34, 1996), *O mestre ignorante* (Autêntica, 2004), *A partilha do sensível* (Editora 34, 2005), *O inconsciente estético* (Editora 34, 2009), *O destino das imagens* (Contraponto, 2012), *As distâncias do cinema* (Contraponto, 2012), *O espectador emancipado* (WMF Martins Fontes, 2012), *A fábula cinematográfica* (Papirus, 2013), *O ódio à democracia* (Boitempo, 2014), *O fio perdido* (Martins Fontes, 2017), *Figuras da história* (Editora Unesp, 2018), *O espaço das palavras: de Mallarmé a Broodthaers* (Relicário, 2020) e *Aisthesis: cenas do regime estético da arte* (Editora 34, no prelo).

SOBRE O TRADUTOR

Fernando Scheibe nasceu em Florianópolis, Santa Catarina, em 1973. É doutor em Teoria da Literatura pela Universidade Federal de Santa Catarina e professor de língua francesa e literaturas de expressão francesa na Universidade Federal do Amazonas, onde desenvolve pesquisas na intersecção entre tradução, teorias críticas e filosofia política. Como tradutor, verteu, entre outros, os seguintes livros: *Divagações* (2010), de Stéphane Mallarmé; *Lugares para a história* (2011), de Arlette Farge; *A trilogia Nikopol* (2012), de Enki Bilal; *Locus Solus* (2013), de Raymond Roussel; *A identidade nacional, um enigma* (2013), de Marcel Detienne; *A garagem hermética* (2013), de Moebius (Jean Giraud); *Ontologia do acidente* (2014), de Catherine Malabou; *A bíblia segundo o gato* (2014), de Phillipe Geluck; *O belo perigo* e *A grande estrangeira* (2016), de Michel Foucault; *Em busca do real perdido* (2017), de Alain Badiou; *Pierrot farsista* (2017), de Jules Laforgue; *A filosofia crítica de Kant* (2018), de Gilles Deleuze; *A vida das plantas* (2018), de Emanuele Coccia; *Black Hammer* (2019), de Jeff Lemire; *Pílulas azuis* (2015) e *Oleg* (2021), de Frederik Peeters; e *O erotismo* (2013), *Teoria da religião* (2015), *A literatura e o mal* (2015), *A experiência interior* (2016), *O culpado* (2017) e *Sobre Nietzsche* (2017), de Georges Bataille. É também revisor e editor da Cultura e Barbárie Editora, com sede em Santa Catarina.

Este livro foi composto em Sabon,
pela Franciosi & Malta, com CTP da
New Print e impressão da Graphium
em papel Pólen Soft 80 g/m² da Cia.
Suzano de Papel e Celulose para a
Editora 34, em maio de 2021.